Edition Paashaas Verlag

Autor: Petra Gockeln
Originalausgabe Mai 2018
Covermotiv: Pixabay / privat
Covergestaltung: Michael Frädrich

www.verlag-epv.de

ISBN: 978-3-96174-023-9

Die Deutsche Nationalbibliothek verzeichnet diese Publikation in der Deutschen Nationalbibliografie; detaillierte bibliografische Daten sind im Internet über http://dnb.d-nb.de abrufbar.

Rabenschwarze Seelen

Schräge Mordgeschichten
aus dem Ruhrpott und anderswo

Für einen kleinen Hund mit großem Herz
und noch größeren Ohren

Er zeigt mir, wie ich mein Leben verbringen sollte: mit gutem Essen, langen Waldspaziergängen, spontanen Nickerchen, ausgelassenem Toben und selbstvergessenem Spielen

Vorwort

Es kann überall passieren. Ob im Ruhrpott oder anderswo. Situationen entwickeln spontan eine überraschende Eigendynamik. Ein gut durchdachter Plan geht plötzlich richtig schief. Fassungslos steht man vor den traurigen Überresten des einstmals perfekten Konstrukts – falls man noch stehen kann!

Aber auch, wenn wir keine Pläne machen und einfach friedlich vor uns hinleben wollen, kann das Leben uns übel mitspielen.

Genau so geht es den Menschen in meinen skurrilen Kurzgeschichten. Es läuft immer anders als geplant.

Lassen Sie sich von meinen kreativ meuchelnden Missetätern überraschen, die mal absichtlich, mal versehentlich, aber immer mit Humor diverse Mitmenschen oder sich selbst unter die Grasnarbe befördern.

Ich wünsche Ihnen viel Vergnügen beim Lesen und hoffe, dass *Sie* heute keine weiteren Pläne haben.

Petra Gockeln

Inhaltsverzeichnis:

Ironman

„Gehse inne Stadt
Wat macht dich da satt
Ne Currywurst
Kommse vonne Schicht
Wat schönret gibt et nich
Als wie Currywurst“

Jasmin summte die Melodie von Herbert Grönemeyers Ohrwurm leise vor sich hin, als sie die Haustür aufschloss. Sie dachte an ihren Onkel Jürgen aus Bochum. Als kleines Mädchen hatte sie ihn oft besucht. Und jedes Mal ging er mit ihr zur Pommesbude. Aber nicht zu irgendeiner Pommesbude, sondern zu Dönninghaus. Dort gab es die leckerste Currywurst der Welt.
„Komm‘, Jasminchen“, hatte Onkel Jürgen immer gesagt, „Gezz krisse ma wat Vanünftiges zu essen.“
“Jasminchen“ war mittlerweile siebenundzwanzig Jahre alt – aber Currywurst aß sie immer noch gern, und natürlich am liebsten bei Dönninghaus im Bermudadreieck in Bochum.
Onkel Jürgen war schon lange tot. Er hatte viele Jahre als Hauer auf der Zeche Prosper Haniel in Bottrop gearbeitet. Als Kind lauschte Jasmin fasziniert seinen Geschichten. Geschichten von Kameradschaft, Zusammenhalt

und ehrlicher Arbeit – aber auch von Enge, Hitze, Dreck und Katastrophen.
Lungenkrebs, der Todesengel vieler Bergleute, beendete Onkel Jürgens eigene Geschichte früher als geplant und nahm ihn mit auf die letzte Fahrt, als er einundvierzig Jahre alt war. Jasmin erinnerte sich dunkel an die Beerdigung und an den uniformierten Bergmannschor, der am Grab sang. Besonders beeindruckend fand Jasmin damals die schwarzen Kappen der Sänger mit den Federbüschen.
Eine dröhnende Stimme riss Jasmin aus ihren Gedanken.
„Wat is dat denn, Fräulein? Wo kommse denn gezz ers her? Du solls dich auf Stellen bewerben und hier nich die ganze Nacht duach de Gegend eiern!"
Jasmin zuckte zusammen. Da saß ihr Opa, der olle Sack, doch tatsächlich im Halbdunkel im Wohnzimmer! Vor Schreck fiel ihr das Tütchen mit den eben erst gekauften Ecstasypillen aus der Hand. Fluchend suchte sie auf dem Boden danach.
„Wat krooste denn da rum?", wollte ihr Opa wissen.
„Mann, lass mich in Ruhe. Ich bin erwachsen und kann machen, was ich will." Jasmin hatte endlich ihre Pillen wiedergefunden.
„Könntesse, Fräulleinchen, wennze nich noch hier wohnen würdes ...", keifte ihr Opa zurück. „Deine Mutta placht sich jeden Tach bei Aldi ab un du hängs nur faul

rum oder bis auffe Rolle. Also wenn ich dein Vatta wär' …" „Bist du aber nicht, also halt dich da raus!" Jasmin verdrehte die Augen. „Und bald habe ich sowieso eine neue Stelle und dann ziehe ich aus." Sie lief die Treppe hinauf in ihr Zimmer und knallte die Tür zu.

Der Alte ging ihr mächtig auf den Eierstock! Sie hatte nicht die Absicht, eine Arbeit anzunehmen. Es lief doch auch so ziemlich gut. Sie konnte ausschlafen, abhängen und abends, wenn ihre Mutter von der Arbeit kam, gab es warmes Essen. Danach ging es ab nach Bochum ins Kulturzentrum Langendreer oder in andere Szene-Lokale. Ein Auto brauchte Jasmin nicht. Die Straßenbahnverbindung zwischen Bochum und Hattingen war gut. Jasmin war eigentlich zufrieden. Nur Opa nervte in letzter Zeit besonders. Er schien es tatsächlich ernst damit zu meinen, dass sie sich eine Stelle suchen solle. Immer wieder schnitt er das Thema im Beisein ihrer Eltern an. Und ganz langsam schien ihnen aufzufallen, dass sie mittlerweile siebenundzwanzig Jahre alt war und sich durchfüttern ließ.

Jasmin lebte mit ihren Eltern in einem kleinen Reihenhaus in Hattingen. Ihr Vater arbeitete als Einkäufer bei einem großen Stahlhändler und ihre Mutter war Kassiererin. Sie lebten ein ganz normales Familienleben. Am Wochenende unternahmen sie Ausflüge in die Elfringhauser Schweiz, ins Felderbachtal oder spazierten auf dem Leinpfad an der Ruhr entlang. Ab und zu leisteten sie sich einen Urlaub in der Türkei oder in Griechenland. Doch dann änderte sich die Lage. Opa zog zu ihnen ins Haus. Oma war überraschend gestorben. Sie hatte in Bochum-Linden eine Straßenbahn übersehen. Die Glocke der Straßenbahn hatte zwar laut geschrillt, als Oma auf die Schienen lief, doch Oma hatte ihr Hörgerät leider nicht eingeschaltet. Drei Monate später war Opa bei ihnen eingezogen. Er fühlte sich einsam in seiner Wohnung. Da er trotz seiner zweiundachtzig Jahre noch recht rüstig war und ein Pflegeheim für ihn nicht in Frage kam, beschloss er, zu seiner Tochter und ihrem Mann zu ziehen. Jasmin musste kurzfristig ins Gästezimmer umsiedeln und Opa bekam Jasmins großes Zimmer. Jasmin war stinksauer, sagte aber nicht viel, weil ihr bewusst war, dass sie eigentlich nur vom guten Willen ihrer Eltern lebte und selbst nichts zum Familieneinkommen beisteuerte. So lange sie ihr gemütliches Bett und ihren großen Plasma-Fernseher hatte, war alles in Ordnung.

Zumindest halbwegs, denn früher hatte sie tagsüber ihre Ruhe. Nun wanderte Opa schon morgens durchs Haus. Im Gegensatz zu Jasmin war er bereits um sieben Uhr fit. In den letzten Monaten war Jasmin oft durch Opas lautstarke Aktivitäten aus dem Tiefschlaf gerissen worden. Meist war sie gerade erst eingeschlafen, da polterte Opa bereits gut gelaunt und fröhlich pfeifend durchs Haus.

Wenn sie – wie viele andere Menschen in ihrem Alter – einer geregelten Arbeit nachgegangen wäre, dann hätte der Alte von ihr aus gern früh durch die Gegend eiern und randalieren können. Aber sie hatte sich zu Hause ihre eigene Komfortzone geschaffen. Und die wollte sie behalten.

Jasmin hatte die Gesamtschule besucht und eine Lehre als Schreinerin angefangen. Doch nach einem Jahr wurde ihr gekündigt, da sie Probleme mit der Pünktlichkeit hatte. Bis spät in die Nacht war Jasmin im Bermudadreieck in Bochum unterwegs auf der Suche nach ihrer großen Liebe, die sich aber einfach nicht finden lassen wollte. Morgens hing sie dann verschlafen und schlechtgelaunt über einem Werkstück. Das schaute sich der Schreinermeister nicht lange an. Zumal sie in diesem Jahr ordentlich an Gewicht zugelegt hatte. In ihrer Latzhose war kein Platz mehr für den Zollstock und andere Werkzeuge.

Nun lebte Jasmin schon zehn Jahre vom guten Willen ihrer Eltern. Es gab zwar immer wieder die eine oder andere Diskussion hinsichtlich ihrer Lebensweise, aber dann tat Jasmin so, als würde sie sich Stellen in der Zeitung ansehen und erzählte etwas von diversen Bewerbungen.

Jasmin war lesbisch. Sie wusste immer schon, dass sie anders war. Aber *was* genau anders war, begriff sie erst mit vierzehn Jahren, als sie sich unsterblich in eine Klassenkameradin verliebte. Ihre Liebe wurde nicht erwidert. Jasmin litt. Schokolade half ihr beim Überwinden der Krise. Sie verfasste Gedichte und nahm zu. Die Jahre vergingen. Mittlerweile war Jasmin erfahren in gleichgeschlechtlichen Liebesdingen. Zu Hause hatte sie sich noch nicht geoutet. Sie hatte keinen Bock auf Diskussionen, die zu nichts führen würden. Ihre Eltern wunderten sich zwar, dass Jasmin so oft abends unterwegs war und nie einen Mann mit nach Hause brachte, aber Jasmin erzählte etwas von einer lustigen Clique, mit der sie um die Häuser ziehen würde und dass ihr das im Moment vollkommen reichen würde.

Sie trug ihre Haare mittlerweile sehr kurz und kleidete sich recht männlich. Ihre Mutter versuchte, ihr in Gesprächen von Frau zu Frau ab und zu Ratschläge hinsichtlich ihrer Frisur oder ihrer Kleidung zu geben. Sie hatte ihr sogar schon einmal Puder, Lippenstift und Wimperntusche in ihr Zimmer gelegt, aber Jasmin hatte es ignoriert.

Ihre Mutter hakte nicht weiter nach, sondern akzeptierte, dass ihre Tochter wohl eher der herbere Typ Frau war. Ihr Opa allerdings war da anders. Er blickte sie immer so merkwürdig von der Seite an und schien sich seine eigenen Gedanken zu machen. Ob er sie vielleicht beim wilden Knutschen mit einer Freundin vor der Haustür gesehen hatte? Das wäre ihm durchaus zuzutrauen,

da er zu den unmöglichsten Tageszeiten auf den Beinen war.
Jasmin hockte in ihrem Zimmer. Sie dache über Opa nach. Er hatte früher – wie viele Hattinger – auf der Henrichshütte gearbeitet. Dort wurde seit Mitte des neunzehnten Jahrhunderts Eisenerz verhüttet. Doch 1987 wurden die Hochöfen der Henrichshütte nach einem erbitterten Arbeitskampf mit der Duisburger Thyssen Stahl AG stillgelegt. Andere Betriebe des Werkes folgten. Nach langem Ringen gab es zumindest einen Sozialplan und Förderprogramme. Viele Mitarbeiter konnten woanders eingesetzt werden oder gingen in Rente. Aber Opa gehörte nicht zu ihnen. Er war plötzlich arbeitslos. Er bewarb sich bei anderen Unternehmen. Doch da er damals bereits fast fünfzig Jahre alt war, fand er keine neue Arbeit. Jasmin wusste das alles so genau, weil ihre Eltern sich früher oft über dieses Thema unterhalten hatten. 1987 war Jasmin zwar noch nicht auf der Welt, aber das Thema "Henrichshütte" kam in ihrer Familie immer wieder auf den Tisch. Die Henrichshütte gehörte einfach zu Hattingen. Und nicht nur Opa, sondern viele Hattingen Familien waren damals betroffen. Die Hütte war früher der größte Arbeitgeber in Hattingen. Die Auswirkungen der Schließung waren in vielen Familien lange Zeit Gesprächsthema. Auch Jasmin kannte die ganze Geschichte.

Ihre Gedanken kehrten zurück in die Gegenwart. Schweres Schicksal hin oder her, der Alte brauchte eine Lektion. Er wiegelte ihre Eltern immer mehr gegen sie auf. Bei jeder Gelegenheit erwähnte er, dass Jasmin ein gesunder junger Mensch sei, der einer Arbeit nachgehen und auf eigenen Füßen stehen sollte. Aber wie sollte diese Lektion aussehen? Jasmin hatte keine Idee.
Ein paar Tage später lag Jasmin noch müde von ihrem Ausflug nach Bochum im Bett, als sie in der Küche Stimmen hörte. Oh nein, dachte sie. Heute war wieder Sonntag. An diesem Tag kam immer Opas alter Freund Ötte auf einen Frühschoppen vorbei. Die beiden waren ehemalige Arbeitskollegen und hatten viel zusammen erlebt. Sie trafen sich meist so gegen zehn und hockten dann bis ein Uhr zusammen in der Küche. Dann gab es Mittagessen. Ötte aß meistens mit und verabschiedete sich anschließend.
Die beiden waren schon gut in Fahrt. Man hörte das Ploppen der Bierflaschenverschlüsse und lautes Lachen. So ein Mist. Jasmin musste runter in die Küche. Sie hatte Kaffeedurst und Hunger. Die beiden alten Säcke würden sie sicher wieder zuquatschen. Aber es half nichts. In ihrem ausgeleierten T-Shirt und der schlabbrigen Jogginghose machte sie sich auf den Weg nach unten. Die Treppenstufen knarrten unter ihrem Gewicht.

„Da kommt ja unser Sonnenschein“, frotzelte ihr Opa, als Jasmin mit mürrischem Gesichtsausdruck und mit wirr vom Kopf abstehenden Haaren in die Küche kam.
„Fresse“, knurrte Jasmin und holte eine Tasse aus dem Schrank. „Boah, watten Scharmbolzen“, meinte Ötte.
Jasmin schwieg und fummelte an der Kaffeemaschine herum. Sie wollte eigentlich nicht hören, was die beiden Rentner erzählten. Da sie jedoch ihr Handy und ihre Kopfhörer nicht mit in die Küche genommen hatte, bekam sie das Gespräch gezwungenermaßen mit.
Heute ging es wieder einmal um die Henrichshütte, den ehemaligen Arbeitsplatz von Opa und Ötte. Zuerst wurde über ein paar Ex-Kollegen gelästert.
„Weisse noch, der Kurti?“, meinte Opa. „Der wollte imma hoch hinaus und dann isser doch nur Rangierer bei der Werksbahn geworden. Wir waren imma schön im Warmen – obwohl et ja seeehr warm am Hochofen war – aber bessa, als wie draußen als Rangierer bei Wind und Wetter den ganzen Tach hin- und herzurennen.“
„Ja nee, und den Job hatter auch nich lange gemacht. Dat weiss ich noch. Der is irgendwann zur Müllabfuhr gegangen“, ergänzte Ötte. „Dat war aber auch nich viel besser. Da isser dann bei Scheißwetter hinter dem Müllwagen hergerannt.“
„Laber, Laber, Laber“, dachte Jasmin. „Wen interessiert das?“ Immer noch müde und schlecht gelaunt suchte sie

nach der Butter. Es schien keine mehr da zu sein. Auf Margarine hatte Jasmin keinen Bock. Irgendwo musste doch noch ein Paket Butter zu finden sein. Sie wühlte im Vorratsschrank. Die beiden Rentner plauderten weiter.

Jetzt war der Arbeitskampf im Jahr 1987 das Thema. Opa und Ötte ließen das Drama rund um die Schließung der Henrichshütte erneut aufleben. Als Thyssen damals verlauten ließ, dass die Hütte geschlossen werden sollte, waren die Menschen fassungslos. Dort arbeiteten mehrere Tausend Hattinger. Doch nach dem ersten Schock gingen die Arbeiter zusammen mit der IG Metall auf die Barrikaden. Was die beiden Alten da erzählten, ließ Jasmin an ein kleines gallisches Dorf denken, das sie aus Comic-Heften kannte.

„Weisse noch, Ötte, wie wir damals protestiert haben? Kannse dich noch an unser Dorf des Widerstands erinnern? Wie wir den Parkplatz der Hütte blockiert haben mit unseren Zelten? Und die ganzen Diskussionsrunden? Mann, dat war ne Aktion!" Opa hatte richtig Farbe im Gesicht beim Erzählen.

„Ja klar, dat weiss ich noch. Und die große Demo am Tach vor der wichtigen Sitzung in Duisburg. 15.000 Hattinger auf der Straße! Dat wa ein Bild", erwiderte Ötte. „Und vorher die Sternmärsche, die Mahnwachen und die Menschenkette – 5000 Stahlarbeiter standen rund ums Werk – da wa richtich wat los." Ötte nahm einen großen

Schluck Bier aus der Flasche. „Und selbs nach der Entscheidung zur Schließung ging unser Kampf weiter. Wir haben nich einfach resigniert."
Jasmin wollte eigentlich nicht hinhören. Sie suchte im Kühlschrank die Milch.
„Und weisse noch, wie unsere Frauen mitgeholfen haben? Die haben gekämpft wie die Löwinnen mit ihrer Fraueninitiative. Sogar nen Hungerstreik haben die gemacht. Und dat, wo meine Mia so vafressen wa." Auch Opa nahm einen großen Schluck aus der Bierflasche.
„Jau, ich weiß. Und von wegen Frauen. Weisse noch, die Eisenkerls? Die vielen Kawenzmänner aus Stahl, die dieser polnische Künstler – wie hieß er noch? Fratschi-Dingenskirchen – inne Henrichshütte als Leihgabe aufgestellt hat, als Hattingen 600 Jahre alt wurde? Ich glaub, dat wa so 1996. Riesige Stahlkolosse mit Pillermann. Die Frauen waren begeistert. Meine Erna auch. Später wurden drei vonne Eisenkerls vor der Hattinger Stadtmauer aufgestellt – zur Erinnerung an den Kampf der Stahlarbeiter."
„Jau, weiss ich", entgegnete Ötte und machte die nächste Bierflasche auf. „Aber weisse auch, dat meine Mia und noch n paar Frauen nachts losgezogen sind, umme Pillermänner abzuschrauben? Ich musste ihr noch nen großen Schraubenzieher aus meiner Werkzeugkiste

geben. Die Pillermänner waren auf ne Eisenplatte geschweißt, die an allen Seiten einfach nur mit ner dicken Schraube befestigt wa. Die brauchte man nur loszudrehen. Und zack – wa der Pillermann ab. Der Künstler wa kurz voam Durchdrehen. Musste imma wieda neue Pillermännekes machen un festschrauben." Opa grinste. „Irgendwann war man et leid. Dann wurden die Pillermann-Platten angeschweißt. Seitdem is Ruhe."
„Ja klar", grinste Ötte. „Würde ja auch auffallen, wenn nachts Frauengruppen mitte Schweißgeräte anne Stadtmauer unterwechs wären."
Jasmin hatte sich mittlerweile eine Tasse Kaffee eingeschüttet und ein Butterbrot geschmiert. Eigentlich wollte sie schon längst wieder nach oben gegangen sein, aber das Gespräch wurde interessant. Sie konnte sich ihre kleine alte Oma Mia nicht als Penis-Diebin vorstellen. Sie war ihr immer so ernst und korrekt erschienen.
„Un ich weiß noch, dat sich viele aufgerecht haben, dat man so naturgetreue Pillermänner so einfach öffentlich gezeicht hat", meinte Ötte. „Manchmal, wenn ich morgens anne Stadtmauer vorbei ging, hatte man den Eisenkerls kleine Strickmützen über die entscheidenden Stellen gehängt oder sie hatten plötzlich Unterhosen an."
„Jau, stimmt. Dat habbich damals auch gesehen", stimmte Opa zu.

„Weisse wat, Ötte, ich glaub, zwei vonne Eisen-Ömmesse stehen gezz hier unten im Keller. Ich habse damals mitgenommen als Erinnerung an meine Mia. Dat war schon ne ungewöhnliche Frau.“ Opa bekam feuchte Augen.
„Wat, echt?“, fragte Ötte mit Begeisterung in der Stimme. „Du has zwei vonne Pillermänner hier im Keller? Is ja n Ding.“ Ötte hob seine Bierflasche. „Komm, lass uns anstoßen. Auf Hattingen und die Frauen!“
Jasmin hatte ihr Brot aufgegessen, schüttete sich noch eine Tasse Kaffee ein und machte sich auf den Weg nach oben. Durch die Zimmertür hörte sie die Stimme ihrer Mutter, die von einem Brunch zurückkam. Sie hatte auf dem Nachhauseweg Frikadellen und Pommes von der Bude mitgebracht, weil sie heute keine Zeit gehabt hatte, das Mittagessen zuzubereiten.
„Frikadellen gehen immer“, hörte sie die Stimme von Opa.
„Un Pommes Schranke“, stimmte Ötte zu.
Jasmin lief schnell wieder nach unten, um sich ihre Portion abzuholen. Der Gedanke an eine warme Frikadelle ließ ihr das Wasser im Mund zusammenlaufen.

Zwei Wochen später, nachdem Opa seine Tochter im Beisein seiner Enkelin mehrfach darauf hingewiesen hatte, dass sie eine Schmarotzerin an ihrer Brust nährte, hatte Jasmin eine Idee, wie sie sich an Opa rächen konnte. Es

war ein harmloser Plan, aber sie würde sich langsam steigern. Sie plante, Opas Lieblingsbier durch die alkoholfreie „FUN"-Version zu ersetzen. Diesen kleinen Zusatz Fun auf dem Etikett könnte Opa sicher nicht lesen, und wenn, würde er den Begriff wahrscheinlich nicht kennen. Er würde sich jedoch wundern, warum er so viel Bier trinken konnte, ohne dass sich eine Wirkung zeigte. Ötte und er würden sicher gemeinsam grübeln, was da los war. So war er zumindest von seinem Lieblingsthema "Jobsuche für seine Enkelin" abgelenkt. Als nächstes würde sie sein Lieblingsgericht Linsensuppe mit Abführmittel versehen. Rizinusöl wäre hier sicher hilfreich. Wenn Opa nicht hinschaute – zack, ab in den Teller! Das würde seinen Toilettengang deutlich beschleunigen. Jasmin sah ihn im Geiste schon über den Flur galoppieren. Diese Vorstellung ließ sie grinsen. Sie war sicher, dass ihr noch einige Gemeinheiten für Opa einfallen würden, bis er genug hatte und sie in Ruhe ließ. Langsam machte ihr die Sache Spaß.
Ein paar Tage später besorgte sie mithilfe einer motorisierten Freundin eine Kiste FUN-Pils. Ihre Eltern waren wie üblich arbeiten. Opa hatte einen Termin bei seinem Hausarzt. Nun konnte Jasmin ihren Plan ungestört in die Tat umsetzen. Sie schleppte die Kiste in den Keller und tauschte die Flaschen aus. Die Flaschen mit dem echten Pils versteckte sie unter der Kellertreppe.

Gerade, als sie wieder nach oben gehen wollte, fiel ihr das Gespräch vom letzten Sonntag ein, als Opa und Ötte von den Eisenmännern erzählt hatten. Ob hier im Keller wirklich zwei Eisenpenisse rumstanden? Oder hatte Opa sich das nur ausgedacht? Sie ging zurück in den Keller. Im Halbdunkel der schwachen Beleuchtung konnte man nicht viel erkennen. Hier war der Bierkasten von Opa, da die Mineralwasserkästen und dort das Vorratsregal mit Dosen und Gläsern. Aber was war das da unten in der Ecke? Jasmin tastete mit ihrer Hand in die Dunkelheit. Etwas lief ihren nackten Arm hinauf. Sie kreischte. Eine fette schwarze Spinne! Mit Borsten! Jasmin schleuderte sie weg. Dann konnte sie erkennen, was da in der Ecke war. Es waren die Gummistiefel und Gartengaloschen. Sie blickte sich um. Dort stand der alte wackelige Holzschrank. Da waren nur ein paar Gartengeräte drin. Opa hatte also doch gelogen. Sie blickte nochmals auf den präparierten Bierkasten. Hatte sie auch wirklich alle Flaschen ausgetauscht? Sicherheitshalber wollte sie es nochmals kontrollieren. Sie beugte sich hinab und stieß dabei aus Versehen mit ihrem üppigen Hinterteil an den alten Holzschrank. Irgendetwas rauschte an ihr vorbei und krachte auf den Boden. Jasmin sprang erschrocken zur Seite. Was war das denn? Da lag etwas großes Dunkles auf dem Boden. Eine Metallplatte mit einem naturgetreu nachgebildeten Penis! Opa hatte nicht gelogen! Wobei Jasmin das männliche Geschlechtsorgan nur von Bildern und Filmen kannte. Das war also Oma Mias Beute! Beinah hätte dieses ekelhafte Ding die Enkelin hinweggerafft! Jasmin sah schon die Schlagzeilen der Westdeutschen Allgemeinen Zeitung: Lesbe von Eisenpenis erschlagen. Was für ein unrühmliches Ende! Das wäre um Haaresbreite schief gegangen. Noch einmal Glück gehabt!

Jasmin beugte sich nach unten, um das Gemächt aufzuheben. Rumms! Sie stieß mit dem Kopf gegen den alten Schrank. Der zweite Eisenpenis machte sich auf den Weg nach unten ...

Auf'm Gasometer

Tina starrte fassungslos in die Tiefe. Die beiden Körper segelten wie in Zeitlupe nach unten – zumindest empfand Tina es so. Die grauenhaften Sekunden wollten nicht enden. Dann lagen beide Körper grotesk verrenkt am Fuß des Gasometers.

Tina wurde es schlecht. Sie japste nach Luft. Nur weg hier! Sie stolperte auf ihren High Heels zum Ausgang der Besichtigungsplattform. Wie in Trance lief sie die wenigen Stufen hinab, stieg in den Aufzug und fuhr nach unten. Sie zwang sich, ruhig zum Ausgang zu gehen. Noch schien niemand etwas bemerkt zu haben. Es war kurz vor Ende der Besuchszeit. Einige Menschen standen in der Nähe des Ausgangs und plauderten. Tina schlenderte betont langsam an ihnen vorbei. Als sie draußen an der frischen Luft war, musste sie sich fast übergeben. Sie lief über den Parkplatz zu ihrem Auto und suchte mit zitternden Fingern die Autoschlüssel in ihrer Manteltasche.

Zu Hause angekommen, öffnete sie sofort eine Flasche Rotwein und trank das erste Glas in einem Zug leer. Das war ein echter Albtraum! Sie war schuld am Tod von zwei Menschen! Dabei wollte sie doch nur Oberhausen von oben sehen.

Was konnte sie dazu, dass die Besichtigungsplattform des berühmten Gasometers wegen Reparaturarbeiten gesperrt war und dass dort ein paar Stahlelemente im Schutzzaun fehlten? Der Aufzug hatte auf jeden Fall funktioniert! Er war nicht gesperrt und fuhr bis ganz nach oben! Sie hatte sich nicht um das Betreten verboten-Schild gekümmert und war durch die Absperrung nach draußen gegangen. Sie war ja schließlich extra aus Hattingen angereist, um die Ausstellung zu besuchen und den Ausblick vom Dach des Gasometers zu genießen. Wie sie bemerkte, hatten sich auch zwei andere Besucher nicht um das Verbot gekümmert. Sie standen mit dem Rücken zu ihr direkt an der Baustelle und waren in ein intensives Gespräch vertieft. Dort, wo sie standen, fehlten einige der Eisenstangen des Zauns, mit dem die Plattform gesichert war. Rotes Flatterband markierte die Stelle. Die beiden Besucher – ein Mann und eine Frau – bemerkten Tina nicht, die neben ihnen an den Zaun getreten war, um die Aussicht zu genießen. Was für ein Ausblick! Das Ruhrgebiet lag Tina zu Füßen. Das Oberhausen-Lied der "Missfits" fiel ihr ein: „Stehse aufem Gasometer im Sturmesbrauen, und alles, watte siehst, is Oberhausen." Stürmisch war es hier oben. Da hatten die Missfits recht. Aber das war egal, denn dieser traumhafte Ausblick war beeindruckend. Tina war begeistert. „Ist das nicht eine phantastische Aussicht?", rief sie und drehte sich zu den beiden Besuchern um. In diesem Moment rutschte ihr linker High Heel weg. Tina erschrak und griff nach dem Arm der Frau. Diese kreischte erschrocken, verlor das Gleichgewicht und krallte sich an der Jacke des Mannes fest. Der Mann versuchte, die Frau aufzufangen, was ihm auch gelang, was aber nichts nutzte, da auch er nun das Gleichgewicht verloren hatte. Beide ruderten hilflos mit den Armen und kreischten. Dann stürzten sie in den Abgrund. Nach über hundert Metern wartete der harte Betonboden.

Tina durchlebte diesen Moment wieder und wieder. Sie konnte die grauenhaften Sekunden nicht vergessen. Diese Schreie voller Todesangst! Da half nur eine weitere Flasche Rotwein.

Am nächsten Morgen wachte Tina mit Kopfschmerzen auf. Sie schleppte sich ins Badezimmer und erstarrte, denn ihr fiel der Grund ihres Trinkens wieder ein. Es war kein Traum, sondern Realität. Sie hatte zwei unschuldige Menschen ins Jenseits befördert. Tina wusch sich das Gesicht und putzte sich die Zähne. Eine kräftige Tasse Kaffee brachte ihren Kreislauf auf Touren. Sie musste jetzt stark sein. Dieses furchtbare Geheimnis durfte sie niemanden verraten. Sie musste es mit ins Grab nehmen. Hoffentlich hatte sie keine Spuren hinterlassen.

Tina starrte auf ihre Finger. Oh Gott!

An ihrer rechten Hand fehlte einer ihrer künstlichen Fingernägel! Hoffentlich befand der sich nicht an den Kleidungsstücken der Toten. Dieser künstliche Nagel würde

mit Sicherheit winzige Teile ihrer DNA enthalten. Tina machte den Fernseher an. In den Morgennachrichten wurde vom rätselhaften Tod zweier bekannter Prominenter berichtet. Tina konnte nicht glauben, was sie hörte. Sie hatte Georg Götz und Jana Gerber ermordet! Sie hatte tatsächlich ihren heißgeliebten Mord-Ort-Kommissar „Götzi" getötet! Und Jana Gerber! Wie oft hatte sie diese Frau bei den *FitMisses* und in *Night for Ladies* bewundert. Sie liebte ihren schrägen Humor und ihr lockeres Mundwerk. Tina hatte die beiden auf dem Gasometer nicht erkannt. Sie waren ihr zwar bekannt vorgekommen, aber dass es sich bei den beiden Besuchern auf der Aussichtsplattform um Georg Götz und Jana Gerber handelte, hätte Tina niemals gedacht. Außerdem trug Georg Götz bei ihrer sehr kurzen Begegnung eine Sonnenbrille und eine Strickmütze. Und Jana Gerber hatte sich einen großen bunten Schal um den Kopf gewickelt, da es auf dem Gasometer recht stürmisch war.
Im Fernsehen spekulierte man über die Gründe des Ablebens der beiden Prominenten. Die Gerüchte überschlugen sich. Hatten die beiden ein Verhältnis? Wollten sie gemeinsam in den Tod gehen oder wollte einer den anderen umbringen? Tagelang beschäftigte der rätselhafte Tod der beiden Berühmtheiten die Reporter und Journalisten. Das Ruhrgebiet stand Kopf!

Nachforschungen ergaben, dass Georg Götz und Jana Gerber geplant hatten, eine Ruhrgebiets-Komödie aufzuführen, in der beide die Hauptrollen spielen sollten. "Mords-Kumpel" sollte sie heißen. Der Großteil des Stückes war schon fertig. Beide hatten sich oben auf dem Gasometer getroffen, um letzte Details zu besprechen. Da Jana Gerber sich in und auf dem Gasometer gut auskannte und sie ihren Promistatus genoss, hatte sie sich einfach über das Verbot, die Baustelle zu betreten, hinweggesetzt. Ein Angestellter hatte den gesperrten Aufzug ausnahmsweise für die beiden Prominenten in Gang gesetzt, damit sie auf die Dachterrasse fahren konnten. Er bekam noch zwei Autogramme und ein dickes Trinkgeld. Danach hatte er leider vor Aufregung vergessen, den Fahrstuhl wieder zu sperren. Der Angestellte, der den Aufzug unerlaubterweise in Gang setzte, berichtete später, dass Georg Götz ursprünglich nicht mit auf die gesperrte Aussichtsplattform wollte, aber Jana Gerber habe ihn spöttisch gefragt, ob es ihm draußen etwa zu kalt sei. Das hätte Georg Götz entrüstet verneint. Dann seien sie gemeinsam nach oben gefahren und hätten den Fahrstuhl verlassen. Anscheinend waren sie dann wohl über das Flatterband geklettert – genau dort, wo die Eisenverstrebungen ausgetauscht werden sollten und nun eine Lücke klaffte. Warum sie dies taten, wusste niemand. Vielleicht, um noch einen besseren Ausblick zu haben. Dann war dieser bedauerliche Unfall passiert. So zumindest interpretierte es die Ermittlungskommission. Von einer weiteren Person auf der Plattform war nicht die Rede.

Tina war verzweifelt! Die beiden großartigen Künstler hatten die Aufführung einer Ruhrgebiets-Komödie geplant! Wie gern hätte sie Georg Götz als rußgeschwärzten kernigen Kumpel im Doppelripp-Unterhemd gesehen. Und Jana Gerber als schnodderige Bergmanns-Gattin. Beide zusammen am Abendbrottisch beim Genuss von Leberwurst-Knifften, Gürkchen und dem einen oder anderen "lecker Pilsken". Nach einem verbalen Schlagabtausch der beiden in feinstem Ruhrpott-Dialekt wäre es dann zur Versöhnung gekommen. Während dieser Kuschelszene hätten sie vielleicht gemeinsam gesungen „Glück auf, Glück auf, der Steiger kommt!" und hätten diesem traditionellen Volkslied der Bergleute eine ganz neue Bedeutung gegeben. Vielleicht hätten sie auch etwas anderes gesungen, um nicht von eventuell anwesenden Bergmännern ausgebuht zu werden, die ihre heimliche Hymne nicht verhohnepiepelt sehen wollten. Aber das war sowieso egal – diese Ruhrgebiets-Komödie würde niemals aufgeführt, weil Tina es verbockt hatte! Sie hatte ihre Idole getötet und war zu ewigem Schweigen verflucht. Sie konnte niemandem von ihrem schrecklichen Geheimnis berichten. Und alles nur wegen ihrer neuen High Heels! Dabei hatte sie sich so gefreut, als der Paketbote vor ihrer Tür stand. Diese schwarzen Lack-High Heels mit den Mörder-Absätzen sahen einfach scharf aus. Tina beschloss, sie bei dem geplanten Ausflug zum Gasometer zu tragen. Natürlich würde sie abends Blasen an den Füßen haben – aber diese Schuhe waren es wert. Dass sich diese verdammten High Heels zu tatsächlichen Mords-Schuhen entwickeln würden, konnte Tina damals noch nicht ahnen!

Wütend nahm sie die Schuhe und schleuderte sie in die Ecke – doch dort landeten sie nicht. Tina hatte nicht richtig gezielt und beide Schuhe flogen aus dem geöffneten Fenster. Sekunden später hörte man Autoreifen quietschen und das Scheppern von Metall.

„NEEEIIINNN", kreischte Tina. Das war zu viel! Sie wurde ohnmächtig.

Am nächsten Morgen konnte man in den Tageszeitungen lesen, dass Rolf Richter und Dieter Bär bei einem Autounfall schwer verletzt wurden, als sie gemeinsam in einem alten Cabriolet auf dem Weg ins Fernsehstudio waren, um die erste Folge einer neuen Ruhrgebiets-Krimiserie zu drehen.

Jürgens Reise

Die monströse Ratte hielt sich mit Hinterbeinen und Schwanz am Ast fest und versuchte, mit den Vorderpfoten den dicken Meisenknödel zu erreichen. Bald hatte sie ihn zu sich hingezogen und begann voller Inbrunst zu nagen.

Andrea saß entspannt auf ihrem Sofa und blickte zufrieden in den Garten. Als ihr Blick in den Strauch am Vogelhaus fiel, erstarrte sie. „Was ist das denn?“, quiekte Andrea entrüstet. Diese fette bepelzte Kreatur war eindeutig *kein* Vogel! Eine zweite Ratte erschien im Strauch. Auch sie strebte dem Meisenknödel entgegen. „Verflucht“, entfuhr es Andrea. Ratten in ihrem schönen gepflegten Garten! Das hatte sie bisher noch nie erlebt. Sie musste handeln, und zwar schnell. Aber Rattengift kam nicht in Frage. Ihr kleiner Yorkshire Terrier lief immer im Garten herum und der würde das Gift finden, egal, wo sie es platzierte.

Es musste eine andere Lösung geben. Andrea ging in die Küche und kochte sich eine Tasse Kaffee. Dabei fluchte sie leise vor sich hin. Nie hatte man Ruhe. Immer war irgendetwas. Hatte sie ein Problem erledigt, tauchte direkt das nächste auf. Andrea war Single. Sie hatte sich ganz bewusst für dieses Leben entschieden. Nach zwei gescheiterten Ehen wollte sie nur noch Ruhe und Frieden.

Streit war ihr zuwider. Sie liebte die Harmonie. Aber ganz ohne männlichen Beistand war das Leben nicht einfach. Wenn sie aus dem Büro nach Hause kam, wartete der Garten auf sie. Dort gab es immer etwas zu tun. Sie liebte die Gartenarbeit, aber manchmal wünschte sie sich etwas Hilfe. Auch ihr Haus zerbröselte langsam. Die Holzfensterrahmen mussten dringend gestrichen werden. Die Dachrinne war verstopft. Wenn es regnete, pladderte das Wasser in Strömen die Hauswand entlang, anstatt durch die Rinne in die Regentonne zu fließen. Ihre Haustür klemmte und schrappte über die Fliesen. All diese Sachen hätte ein Mann gut erledigen können, während sie entspannt das Abendessen zubereitete. Aber da Andrea sich bewusst gegen ein männliches Exemplar in ihrem Haus entschieden hatte, flitzte sie meist nach der Arbeit in den Garten, werkelte am Haus herum oder kümmerte sich um ihr Auto. Wenn sie dann endlich alles erledigt hatte, war sie oft zu müde, um Essen zu kochen und stopfte die Zutaten direkt aus dem Kühlschrank in sich hinein.

Da Andrea nun schon stramm auf die Sechzig zuging, nahm ihr Körper sehr dankbar an, was sie ihm bot. Sie konnte sich je nach Jahreszeit entscheiden, ob es sich bei ihren Rundungen um Frühlingsrollen oder Winterspeck handelte. Sie hatte den Kampf gegen die Pfunde aufgegeben. Sie war eben ein bisschen runder, aber halbwegs

fit durch die Gartenarbeit und die Spaziergänge mit ihrem Hund.
Das Blubbern der Kaffeemaschine holte Andrea in die Realität zurück. Das Rattenproblem würde sich nicht von selbst erledigen. Sie könnte einen Kammerjäger anrufen. Der würde das Problem professionell lösen. Aber dann könnten alle Nachbarn in der Siedlung sein Auto sehen. Und schon würde die Gerüchteküche brodeln. „Handtellergroße Küchenschaben, Wanzenkolonien epischen Ausmaßes et cetera, et cetera." Andrea hörte im Geiste die kreativen Ergüsse der Nachbarn. In der kleinen Zechensiedlung am Rande von Herne machten Gerüchte schnell die Runde. Nein, ein Kammerjäger kam nicht in Frage.
Plötzlich hatte sie eine Idee. Ihr zweiter Ex-Mann war Jäger. Beim Auszug hatte er seinen Revolver vergessen. Er wollte ihn schon lange abgeholt haben, aber bislang lag er noch hier in Andreas Tresor. Andrea war früher Mitglied im Schützenverein und hatte mit Luftgewehren geschossen. So viel anders war ein Revolver sicher auch nicht. Zielen konnte sie gut. Sie hatte damals einige Wettkämpfe gewonnen. Nun, da sie einen Plan hatte, sah die Welt schon wieder anders aus.
„Wartet nur, meine bepelzten Freunde", murmelte sie. „Ihr seht bald die Radieschen von unten." Entspannt schlürfte Andrea ihren Kaffee und lächelte.

Am Abend öffnete Andrea den Tresor und nahm die in ein Tuch gewickelte Waffe heraus. Auch eine Schachtel mit Patronen war vorhanden. ".357 Magnum" stand auf der Packung. Sie öffnete die Schachtel. Die Patronen waren beeindruckend. Sie waren wesentlich größer als die Luftgewehrmunition, die sie kannte. Aber kein Problem. Ein Revolver war sicher einfach zu bedienen. Sie würde einen Spaziergang mit dem Hund in den Wald machen und dort mit der Waffe üben. Oder besser ohne Hund. So große Patronen machten wahrscheinlich viel Krach.
Am Samstagmorgen bereitete Andrea sich ein leckeres Frühstück zu. Danach packte sie ihren Rucksack für den Waldspaziergang – Waffe, Munition und ein paar leere Coladosen. Sie freute sich auf ihr kleines Abenteuer. Bevor sie losging, sah sie nochmals am Vogelhaus nach dem rechten. Die Ratten waren noch da. Mittlerweile waren es vier Exemplare. Zwei große und zwei kleinere bedienten sich emsig am Futterhaus und an den Meisenknödeln. Die zwei größeren würden zuerst ins Gras beißen – sie gaben bessere Ziele ab. Und wenn sie dann Übung hätte, wären die beiden kleinen dran.
Plötzlich hielt Andrea inne. Mist – vier Schüsse! Das würde doch jeder hören. Aber dann fiel ihr ein, wie oft hier im Wald gejagt wurde. Immer wieder hörte man morgens oder auch spät abends noch Gewehrschüsse. Der Jagdpächter hier am Ort war emsig. Die Anwohner

beschwerten sich nicht. In letzter Zeit hatten die Wildschweine so viel Schaden angerichtet, dass jeder froh war, wenn sie dezimiert wurden. Erst letzte Woche waren der halbe Fußballplatz und ein Teil der Schrebergärten zerwühlt worden.
Gerade, als Andrea ihren Rucksack nehmen und das Haus verlassen wollte, fing es an zu regnen. Der Sonnenschein war verschwunden und dunkle Wolken zogen auf. Es goss in Strömen. Andrea fluchte vor sich hin und zog die Jacke wieder aus. Dann musste es eben ohne vorherige Schießübung gehen. So schwer konnte das ja nicht sein. Sie wollte das Rattenproblem auf jeden Fall an diesem Wochenende lösen.
Heute Abend in der Dämmerung würde sie den Viechern den Garaus machen. Zu ihrer schönsten Entspannung gehörte es, sich morgens beim Frühstück an das große Wohnzimmerfenster zu setzen und die Vögel zu beobachten. Es war immer wieder herrlich anzusehen, wie viele verschiedene Vogelarten das Vogelhaus aufsuchten, um dort zu fressen. Andrea liebte besonders die zutraulichen Rotkehlchen und die possierlichen Meisen. Aber dieser Genuss war ihr nun durch diese widerlichen Rattenviecher vergällt. Der Meisenknödel war mittlerweile nicht mehr vorhanden. Nur ein Stück Kordel hing noch am Ast und flatterte im Wind. Andrea plante, heute Nachmittag einen neuen Meisenknödel aufzuhängen –

als Henkersmahlzeit für die Ratten. Außerdem würden sie so ein gutes Ziel abgeben.
Es regnete den ganzen Tag in Strömen. Andrea räumte die Wohnung auf. Als es halb fünf war, holte sie die Waffe und die Munition aus dem Rucksack. Ihr Herz klopfte, als sie das Magazin des Revolvers ausklappte und die Kugeln in die sechs Kammern schob. Diese Patronen waren wirklich beeindruckend. Auf jeden Fall musste sie die Waffe beim Schießen gut festhalten. Das war *kein* Luftgewehr.
Andrea blickte aus dem Wohnzimmerfenster. Am Himmel türmten sich dunkle Wolken, aber es regnete nicht mehr. Die Ratten waren auch wieder da. Sie wuselten im Haselnuss-Strauch beim Vogelhaus herum. Die größte Ratte von allen turnte auf einem dicken Ast dem Meisenknödel entgegen.
Andrea setzte ihre Brille auf, nahm den Revolver und ging in den Garten. Ein mulmiges Gefühl beschlich sie, als sie die schwere Waffe hob. Einatmen, über Kimme und Korn zielen, ausatmen und abdrücken. Andrea sprach leise mit sich selbst. Sie fixierte die fette Ratte auf dem Ast. Die stopfte gerade ein beträchtliches Stück Meisenknödel in sich hinein. Andrea atmete ein, zielte, atmete aus, nahm die Waffe herunter und wiederholte diesen Vorgang ein paar Mal. Dann war sie bereit. Einatmen, zielen, ausatmen und abdrücken.

Ein ohrenbetäubender Knall erschütterte den Garten! Andrea hatte das Gefühl, sich das Handgelenk gebrochen zu haben. Ihre Ohren dröhnten. Sie ließ die rauchende Waffe fallen. Wo war die tote Ratte? Nirgends. Sie hatte nicht getroffen. Und dann hörte sie den furchtbaren Schrei – fast nicht mehr menschlich.
„Jüüürgen!!!“, und dann noch einmal: „Jüüürgen!!!“
Andrea rannte voller Panik ins Haus und schloss die Verandatür. Was hatte sie getan? Jürgen und Beate waren ihre Nachbarn. Sie wohnten im Blockhaus neben ihr. Aber so eine Patrone konnte doch wohl nicht so weit fliegen und eine Holzbohle durchschlagen? Oder doch? Andrea zitterte am ganzen Körper. Verdammt, verdammt, verdammt!!! Diese verfluchten Ratten. Was sollte sie nun tun? Plötzlich klingelte es Sturm an ihrer Haustür. Jemand hämmerte mit den Fäusten dagegen.
„Andrea, mach sofort die Tür auf!“, kreischte eine Stimme. Andrea rannte zur Tür und öffnete sie. Ihre Nachbarin Beate stand dort. Verheult und schneeweiß im Gesicht. Mit weit aufgerissenen Augen starrte sie Andrea an und kreischte los. „Du hast Jürgen erschossen! Mörderin! Wir saßen vor dem Fernseher! Und nun ist Jürgen tot! Überall ist Blut! Warum hast du das getan???“
Andrea fasste Beate an der Hand und zog sie in den Flur.
„Oh Gott, Beate! Es tut mir so leid. Es war ein Versehen. Ich wollte nur eine Ratte erschießen!“, jammerte Andrea.

„Eine Ratte erschießen?“, kreischte Beate. „Bist du wahnsinnig? Du kannst doch hier in der Siedlung keine Waffe abfeuern! Du hast meinen Mann erschossen, du Irre! Ich ruf jetzt die Polizei!“ Mit diesen Worten drehte sie sich um und stürmte zur Haustür. Andrea hielt sie fest. „Beate, warte! Ich weiß, dass ich einen Riesenfehler gemacht habe. Es tut mir so leid! Das habe ich nicht gewollt. Bitte ruf‘ nicht die Polizei! Bitte nicht! Vielleicht gibt es ja noch eine andere Lösung!“ Sie zerrte Beate ins Wohnzimmer. Beate heulte laut los. „Was soll ich nur machen? Mein Mann liegt tot im Wohnzimmer ... alles ist voller Blut ...!“ Sie ließ sich auf einen Sessel fallen.

Andrea weinte auch. Mit zitternden Händen holte sie zwei Gläser aus dem Schrank und füllte sie mit Obstler. „Komm, trink` was auf den Schreck“, sagte Andrea und hielt Beate ein Glas hin. Beate blickte sie aus verquollenen Augen an. „Du bist ja total verrückt. Erschießt meinen Mann und trinkst danach seelenruhig einen Schnaps! Das kann ja wohl nicht wahr sein!“ Sie schlug Andrea das Glas aus der Hand und sprintete erneut in Richtung Haustür.

„Beate“, rief Andrea. „Jetzt warte doch! Du stehst unter Schock!“ Sie hielt Beate am Arm fest und zog sie erneut ins Wohnzimmer. „Beruhige dich doch erst einmal. Und dann reden wir ganz in Ruhe darüber, was wir tun!“

Andrea drückte Beate wieder in den Sessel.

Beate weinte leise.
„Mensch, was soll ich nur machen? Jürgen ist tot!“
Andrea hielt ihr erneut ein Glas Obstler hin. „Komm, jetzt trink etwas.“
Beate leerte das Glas mit einem Zug. Andrea füllte es erneut. Beate leerte auch dieses Glas mit einem Schluck. Sie seufzte und ließ sich tiefer in den Sessel sinken. Andrea zitterte am ganzen Körper. Jetzt kam es darauf an.
„Beate“, sagte sie leise „Ich bin eure Nachbarin. Ich kenne euch nun schon zehn Jahre. Unsere Häuser stehen nah beieinander. Da bekommt man viel voneinander mit. Ich weiß, dass du auf deinen Jürgen nichts hast kommen lassen. Aber ich weiß auch, dass ihr nicht mehr glücklich wart. Wie oft habt ihr gestritten! Ich habe euer Gebrüll bis hierhin gehört. Und ich weiß, dass er dich manchmal geschlagen hat. Natürlich hat er ein solches Ende nicht verdient – aber es ist nun mal passiert. Ich habe es doch nicht absichtlich gemacht. Aber überleg‘ doch mal ganz in Ruhe. Du bist jetzt frei. Du hast eine gute Stelle als Fremdsprachenkorrespondentin und verdienst gut. Euer Haus ist abbezahlt. Du hast gerade eine größere Summe von deiner Mutter geerbt. Du stehst gut da und könntest nun dein Leben so gestalten, wie du es willst. Wolltest du nicht irgendwann eine Weltreise machen? Jürgen wollte doch immer nur ins Sauerland zum Angeln. Lass uns zusammen einen Plan machen!“

Andrea schaute Beate erwartungsvoll an.
„Du bist echt krank“, erwiderte Beate.
„Kann schon sein“, meinte Andrea. „Aber lass dir meine Worte mal ganz in Ruhe durch den Kopf gehen. Hier hast du noch einen Obstler. Ich geh schnell in die Küche und hol uns was zum Knabbern. Und dann besprechen wir alles ganz in Ruhe.“
Mit diesen Worten verschwand Andrea. Beate saß verheult im Sessel und trank den dritten Obstler. Langsam ließ der Schock nach. Sie hatte sich so furchtbar erschrocken. Erst plötzlich dieser laute Knall und dann Jürgen, wie er schlagartig nach vorn auf den Wohnzimmertisch fiel. Und das Blut. Sein ganzer Rücken war blutüberströmt. Beate war froh, dass sie jetzt hier war und das alles nicht mehr sehen musste. Sie hatte es zwar noch geschafft, nach seinem Puls zu fühlen, aber der war da schon nicht mehr zu spüren.
Andrea kam mit Chips, Salzstangen und Schokolode aus der Küche. „Wir brauchen jetzt Nervennahrung“, verkündete sie mit energischer Stimme. Die nächste Runde Obstler wurde eingeschenkt. Beate blickte grübelnd aus dem Fenster.
„Es war wirklich nicht mehr schön mit Jürgen“, murmelte sie. „In der letzten Zeit hat er mich öfter verprügelt. Und nur, weil er Stress im Job hatte. Es tat ihm hinterher immer sehr leid und er schämte sich. Aber für mich war es

die Hölle. Und natürlich plante er auch dieses Jahr wieder einen Angelurlaub im Sauerland. Das hatte er wohl von seinem Vater. Der war auch so ein Angel-Fan. Und Reisen in den Süden konnte er sich nicht vorstellen. Er wollte immer nach Skandinavien." Beate fuhr leise fort „Eigentlich haben wir in den letzten Jahren nur noch nebeneinander her gelebt. Keiner hatte den Mut, zu gehen. Ich glaube, wir waren beide unglücklich. Und Sex hatten wir seit Jahren nicht mehr." Sie schnüffelte leise vor sich hin.
„Und jetzt ist er gegangen." Andrea nahm Beates Hand. „Ja, das ist furchtbar. Aber du musst mir glauben, dass es ein Versehen war. Ich wollte nur ein paar blöde Ratten töten, die mein Vogelhaus geplündert haben. Aber bitte ruf' nicht die Polizei. Dann ist mein Leben ruiniert. Wir haben uns doch immer gut verstanden." Andrea blickte Beate erwartungsvoll an.
Beate nestelte am Sesselstoff herum. „Was sollte mich denn daran hindern, zur Polizei zu gehen?", fragte sie. „*Mir* passiert nichts. Ich habe nichts getan. Jürgen wird abgeholt, die Formalitäten werden erledigt und dann bin ich frei. Ich habe keine Angst vor der Polizei." Beate blickte Andrea direkt ins Gesicht.
Andrea seufzte. „Ja, ich weiß, *ich* bin die Mörderin. Die blöde Idiotin, die den Nachbarn durch die Hauswand erschossen hat. Warum habt ihr auch nur so ein popeliges Blockhaus und kein Massivhaus? Dann wäre Jürgen jetzt

noch lebendig." Andrea stopfte frustriert eine Handvoll Chips in sich hinein.
„Jetzt gib' bloß nicht dem Blockhaus die Schuld", entgegnete Beate. „Ich liebe es sehr und wir haben lange genug darum gekämpft, dieses schöne kleine Haus direkt neben der Zechensiedlung aufstellen zu können. *Du* hast Mist gebaut! Wie kann man mit einer solchen Waffe einfach in der Siedlung rumballern? Du warst doch im Schützenverein. Hast du denn da nichts über die Durchschlagskraft von Munition gelernt?"
„Weiß ich nicht mehr", meinte Andrea kleinlaut. „Ich habe ja immer nur mit ganz kleiner Luftgewehrmunition geschossen. Aber du hast recht. Ich hätte mich vorher informieren müssen. Ich war so wütend über die Ratten. Ich dachte, das wäre eine gute Lösung. Ich habe die Wirkung des Revolvers einfach unterschätzt." Die nächste Handvoll Chips fand ihren Weg ins Andreas Mund. „Aber um auf deine Frage zurückzukommen, warum du nicht zur Polizei gehen solltest, kann ich dir folgendes antworten: Wir beide gehen jetzt rüber, lassen Jürgen verschwinden, erzählen in der Siedlung eine Geschichte, warum er weg ist und dann machen wir beide es uns richtig nett. Ich bin dann immer für dich da und kümmere mich um dich. Ich weiß, dass du handwerklich nicht begabt bist, aber ich helfe dir im Haus und im Garten, ich fahr dich zum Friseur oder zum Sport, wir machen es uns

abends vor dem Fernseher gemütlich oder gehen aus. Was meinst du dazu? Du hattest doch hier in der Siedlung nie eine richtige Freundin. Und das wäre ich nun. Was hälst du davon?"

Beate erwiderte nichts. „Ach ja, und noch etwas", fuhr Andrea fort. „Ich weiß, dass du leidenschaftlich gern kochst und dass Jürgen deine Rezepte nie mochte. Ich fände es schön, wenn du für uns kochen würdest. Ich mag exotische Dinge. Bei mir müssen es nicht nur Sauerbraten und Rouladen sein. Du kannst gerne mal ein Thai Curry oder etwas Mexikanisches oder Indisches servieren. Und wenn du willst, verreise ich mit dir. Egal, wohin. Dann können wir in Indien ein Original Chicken Tikka Masala probieren." Beate blickte weiterhin stumm aus dem Fenster. „Lass dir Zeit", meinte Andrea. „Ich geh in den Garten und hole den Revolver."

Beate saß im Sessel und grübelte immer noch, als Andrea wieder zurückkam.

„Uuund", fragte Andrea. „Hast du es dir überlegt?" Beate nickte. „Ja, das habe ich. Du hast eigentlich recht. Jürgen und ich haben in den letzten Jahren wirklich nur noch nebeneinander her gelebt. Er hat sich seit ein paar Jahren regelrecht von mir zurückgezogen. Aber mir war es recht. Ich war eigentlich ganz froh darüber, meine Ruhe zu haben. Und du hast ihn ja nicht absichtlich getötet."

Andrea fiel Beate um den Hals. Sie war sichtlich erleichtert. „Danke, Beate. Du wirst deine Entscheidung nicht bereuen. Ich habe auch schon einen Plan. Ich mache uns jetzt erst mal einen Kaffee und dann gehen wir die einzelnen Punkte durch."
Nach zwei Kannen Kaffee und einer lebhaften Diskussion war der Plan ausgereift. Beate würde in der Nachbarschaft erzählen, dass Jürgen, der freischaffender Wissenschaftsjournalist war, kurzfristig zu einer mehrmonatigen Reise nach Grönland aufgebrochen sei, um dort ein spektakuläres Forschungsprojekt zu begleiten und darüber zu berichten. Nach ein paar Monaten würde Beate dann überall unter Tränen berichten, dass Jürgen sich in Grönland unsterblich verliebt hätte und nicht mehr zurückkommen würde.
Jürgen selbst wollten sie im Garten vergraben. Die beiden Frauen hatten beschlossen, den kleinen Holzzaun zwischen ihren Grundstücken zu entfernen und dort einen Weg anzulegen, der von der Hintertür von Andreas Haus zur Hintertür von Beates Haus führen sollte. Beate schwärmte schon von einer dicken Betonschicht, die den Belag des Weges darstellten sollte. Aber Andrea intervenierte. Beton machte jeden Polizisten und vielleicht auch Nachbarn neugierig. Besonders, wenn der Gatte plötzlich von der Bildfläche verschwand. Nein, ein schlichter schmaler Weg mit Rindenmulch wäre eine bessere und

unauffälligere Lösung. Dieser Weg sollte ja nicht nur speziell für die Tarnung von Jürgens Grab angelegt werden, sondern so könnten die beiden Frauen abends oder morgens schnell im Bademantel durch die Hintertüren hin- und herhuschen, um gemeinsam zu frühstücken oder abends gemütlich zusammen fernzusehen.
Nachdem der Plan feststand, gingen Andrea und Beate an den schwersten Teil der Aufgabe. Jürgen lag immer noch ziemlich blutig im Wohnzimmer seines Hauses. Andrea holte eine große grüne Abdeckplane aus ihrem Keller. Dann gingen beide ins Nachbarhaus, um Andreas Missgeschick aus der Welt zu räumen. Mit rosafarbenen Spülhandschuhen wurde Jürgen nun in die richtige Position auf der grünen Abdeckplane gebracht und liebevoll mit Paketschnur und Klebeband verpackt. Dann wurde er in der Diele zwischengelagert. Anschließend putzte Andrea das Wohnzimmer sehr gründlich und Beate räumte im Keller ihre große Tiefkühltruhe aus. Dort würde Jürgen seine Zeit verbringen, bis im Garten die Baumaßnahmen so weit fortgeschritten waren, dass er entsorgt werden konnte.
„Gezz isser endlich da, wo et schön kühl is. Da wollta doch immer sein“, meinte Beate nachdenklich. Manchmal, wenn sie müde und erschöpft war, brach der Ruhri-Slang aus ihr heraus, den sie normalerweise vermied, da

sie in einer internationalen Wirtschaftsprüfer-Sozietät in Bochum arbeitete und sich gern gewählt ausdrückte.
Am Montag fuhr Andrea in ihrem alten Kombi zum Baumarkt und besorgte Rindenmulch und Begrenzungssteine. Beate war auch nicht untätig gewesen. Sie hatte bereits den ersten Nachbarn erzählt, dass ihr Mann überraschend einen neuen Forschungsauftrag erhalten habe und auf dem Weg nach Grönland sei. Die Sonne schien auf die nachmittägliche Idylle. Die beiden Freundinnen arbeiteten im Garten und legten einen Weg an. Der Rasen wurde etwa achtzig Zentimeter breit abgetragen, dann wurden die Randsteine verlegt und der Mulch verteilt. Als es dunkel wurde, waren Andrea und Beate fix und fertig. Aber der wichtigste Teil der Aufgabe lag noch vor ihnen.
Jürgen lag tiefgekühlt in der Gefriertruhe und träumte von Skandinavien, als er unsanft ins Licht der Kellerlampe gewuchtet wurde. „Mein Gott, ist der schwer“, keuchte Andrea. Nun lag Jürgen auf dem Fliesenboden – immer noch schön verschnürt. „Bevor wir ihn vergraben, sollten wir ihn nochmals auspacken“, meinte Andrea.
„Waaas??“, quiekte Beate. „Bist du verrückt? Die Schweinerei will ich nicht noch einmal sehen. Das ist so eklig! Wieso sollen wir ihn denn nochmals auspacken? Ich bin froh, dass wir ihn so gut verschnürt haben.“

„Überleg' doch mal", erklärte Andrea. „Wenn zufällig doch jemand auf die Idee kommt, dass die Sache mit Grönland merkwürdig ist und mit einem Metalldetektor auf unseren Grundstücken herumhantiert ... Dann würde es sofort piepen, wenn Jürgen zum Beispiel eine metallene Gürtelschnalle oder eine Armbanduhr oder Kleingeld in der Hosentasche hätte. Und zack – wären wir aufgeflogen!"
„Nee, lass' mal. Jürgen hatte einen Nickihausanzug an – ohne Reißverschluss. Einfach ein Sweatshirt und eine legere Hose. Und eine Armbanduhr hat er gar nicht. Der hat immer nur auf sein Handy geschaut, wenn er die Uhrzeit wissen wollte", meinte Beate. „Wir lassen ihn schön eingepackt! Jetzt koche ich uns erst einmal etwas Leckeres und heute Nacht heben wir das Loch im Garten aus. Es ist Neumond und ganz dunkel."
Genau so wurde es gemacht. Nach einer ordentlichen Portion Spaghetti Bolognese und einem Espresso schlichen beide in den Garten. Fast lautlos gruben sie das Loch für Jürgen. Immer abwechselnd, denn das Graben war sehr anstrengend. Zum Glück war die Erde ziemlich weich, da es in den letzten Tagen geregnet hatte. Nach einer Stunde war es geschafft. Jürgen unternahm eine kurze Reise vom Keller in den Garten und verschwand unter der Erde. Intelligenterweise hatten die beiden genau über der Grabungsstelle bereits am Morgen einen

Gartenpavillon mit Seitenwänden aufgestellt, so dass man von außen keinerlei Aktivitäten erkennen konnte.
Andrea und Beate fielen nach dieser Aktion erschöpft in ihre Betten. Nach einem späten und ausgiebigen Frühstück erfolgte am nächsten Tag die Verteilung des restlichen Mulches auf dem Weg. Nachmittags wurden ein paar Nachbarn zum Umtrunk eingeladen, damit auch der aufgestellte Pavillon seine Berechtigung hatte, der nun allerdings seine Position auf der Mitte der Wiese gefunden hatte. Bei Sekt, Bier, Wein und Knabberzeug saßen alle zusammen. Beate nutzte die Gelegenheit, um von der überraschenden Reise ihres Mannes zu berichten.
Die nächsten Tage waren ruhiger. Beate und Andrea erholten sich von der ganzen Aufregung. Beate kochte ein wunderbares indisches Huhn in Mandelsauce, köstlich gewürzt mit Zimt, Kardamom, Ingwer, Koriander und weiteren exotischen Zutaten. Als Nachtisch gab es Milchreis mit Pistazien. Andrea lobte Beates Kochkünste ausgiebig, als sie gemeinsam satt und zufrieden in Beates Küche saßen.
Zwei Wochen waren seit Andreas Jagdunfall vergangen. Die Ratten trieben sich weiterhin im Garten herum. Aber Andrea war abgelenkt. Sie plante einen gemeinsamen Urlaub mit Beate. Sie verstand sich prächtig mit ihr. Fast jeden Abend hockten sie zusammen, aßen gemeinsam, tranken ein Fläschchen Wein und schauten gemeinsam

fern. Jetzt wollten sie zusammen für zwei Wochen nach Spanien fliegen und es sich dort in einem Luxushotel gut gehen lassen. Andrea arbeitete sich tagelang durch diverse Internet-Angebote.
Eine Woche später waren sie auf dem Weg zum Flughafen. Auch der kleine Yorkshire-Terrier war mit dabei. Es wurde ein traumhafter Urlaub. Andrea und Beate genossen die sonnigen Stunden am Strand, das wunderbare Essen, die gemeinsamen Shopping-Touren und den abendlichen Absacker in der Hotelbar. Die zwei Wochen vergingen schnell. Der Rückflug nach Deutschland verlief reibungslos. Bald darauf saßen sie im Taxi Richtung Herne.
Als das Taxi in ihre Straße einbog, bremste der Taxifahrer ziemlich abrupt. „Wat is dat denn?", fluchte er. „Hier gedet ja garnich weiter! Alles voll mit Autos! Ich lass' Sie gezz hier raus."
Andrea und Beate holten ihre Koffer und die kleine Transporttasche mit dem Yorkshire-Terrier aus dem Auto und marschierten zu ihren Häusern. Tatsächlich. Überall standen Autos. Polizeiwagen! In ihren beiden Gärten waren Menschen damit beschäftigt, eine Absperrung zu errichten. Weiße Riesenkondome liefen auf dem Rasen herum – die Mitarbeiter der Spurensicherung. Andrea und Beate starrten sich an. Noch bevor sie etwas sagen konnten, standen schon zwei Männer neben ihnen.

„Frau Andrea Becker und Frau Beate Sträter?“, fragte einer von ihnen. „Das trifft sich gut. Wir haben Sie schon erwartet. Wir haben nämlich einen Tipp bekommen. Und dann haben wir etwas Erstaunliches in Ihrem Garten gefunden. Könnten Sie uns das bitte erklären?“ Die beiden Männer fassten Andrea und Beate energisch an den Oberarmen. „Wenn Sie uns bitte ins Kommissariat folgen würden?“

Auf dem Kommissariat erfuhren Andrea und Beate, was ihnen zum Verhängnis geworden war. Der brave Jürgen hatte seit drei Jahren ein Verhältnis mit einer militanten Umweltaktivistin namens Tanja. Als er am Wochenende nicht wie üblich bei ihr erschien, machte sie sich Sorgen. Als sie sich montags unauffällig in der Nachbarschaft umhörte und erfuhr, dass Jürgen plötzlich nach Grönland gereist sei, ahnte sie Schlimmes. Jürgen war ihr hörig. Er würde sie nie verlassen. Das wusste sie genau. Sie ging als Gassigeherin getarnt an Jürgens Haus vorbei.

Als sie die Gartenaktivitäten sah, ahnte sie, wo Jürgen war. Aber sie konnte nicht sofort zur Tat schreiten. Sie hatte mit ihrer Gruppe einen zweiwöchigen Einsatz bei einer großen Baumfällaktion geplant. Da sie die Anführerin der Gruppe war, konnte sie nicht kneifen. Leider wurden die Bäume trotzdem gefällt. Als die Aktion beendet war, besorgte sie sich von einer anderen Tierschutzaktivistin einen Metalldetektor und schlich in den Garten, als die beiden Frauen in Urlaub waren. In der Mitte des gemulchten Weges schlug er an. Mit einem kleinen praktischen Klappspaten grub Tanja ihren mittlerweile etwas ramponierten Jürgen aus und rief danach erschüttert die Polizei. Das geschah genau am Morgen des Tages, an dem Beate und Andrea aus Spanien zurückkehrten.

„Metalldetektor!“, kreischte Andrea und schlug mit der Faust auf den Schreibtisch des Beamten. „Was habe ich damals gesagt? Warum haben wir ihn nicht doch noch einmal nach Metallteilen abgesucht?“

„Ich war mir absolut sicher, dass Jürgen nichts aus Metall bei sich hat – und wer rennt schon mit einem Metalldetektor durch die Gegend?“, entgegnete Beate kleinlaut.

„Wir sind im Arsch!“, brüllte Andrea und brach in Tränen aus. Kleinlaut erzählten die beiden Frauen nun den genauen Hergang des Missgeschicks, das Jürgen ins Jenseits befördert hatte.

Der Kommissar hörte aufmerksam zu. Dann sagte er „Die .357 Magnum Munition wäre normalerweise in den Blockbohlen des Holzhauses steckengeblieben. Sie hätte nicht die Kraft gehabt, dieses dicke Holz zu durchschlagen und dann noch einen menschlichen Körper zu durchdringen. Aber Sie haben es tatsächlich fertiggebracht, durch das einzige Loch zu schießen, das in einer der Holzbohlen war. Wir haben die gesamte Holzwand nach dem Einschuss abgesucht und nichts gefunden. Dort, wo ein

Ast-Auge gesessen hatte, das herausgefallen war, hat dann endlich die Forensik an den Rändern leichte Absplitterungen und Metallpartikel gefunden. Es ist ein Wunder, dass es Ihnen gelungen ist, genau dort durchzuschießen."
„Das heißt, mir ist durch Zufall etwas gelungen, was meinen Nachbarn getötet hat? Hätte ich das Holz getroffen, dann wäre er noch lebendig? Das ist ja furchtbar! Ich wollte bloß die verdammte Ratte erwischen. Der Schuss hat mir fast das Handgelenk gebrochen. Ich habe die Waffe verrissen. Das war ein Unfall. Bitte glauben Sie mir." Andrea blickte den Kommissar aus tränennassen Augen an.
„Dass es ein Unfall war, will ich Ihnen eventuell glauben. Aber Sie können sich natürlich auch mit Ihrer Freundin abgesprochen haben. Denn der Mann Ihrer Freundin hatte ja schließlich eine Geliebte. Ein wunderbares Mordmotiv! Vielleicht haben Sie beide ja gemeinsame Sache gemacht." Der Kommissar blickte Andrea ernst an. „Wir werden die Wahrheit herausfinden, das können Sie mir glauben."

Bevor er fortfahren konnte, unterbrach ihn Beate. „Herr Kommissar, was genau hatte mein Mann denn aus Metall bei sich?", fragte sie mit weinerlicher Stimme.

Der Kommissar blickte sie an und man sah, dass er sich ein Grinsen nur schwer verkneifen konnte.
„Ihr Mann hatte ein Intim-Piercing“, antwortete er.

Schlechtes Karma

Martin hörte den Aufprall und sah Sekunden später den großen Schatten über sich. Verdammt, so war das nicht geplant, war sein letzter Gedanke, bevor es für immer dunkel wurde.

Sabine kam glücklich lächelnd vom Briefkasten zurück. In der Hand hielt sie das Schreiben des Amtsgerichts. Ihre Scheidung war nun rechtskräftig. Endlich frei! Nach vielen unschönen Streitereien war ihre Ehe mit Martin nun offiziell Geschichte. Das wollte sie mit ihrer Freundin Steffi feiern. Die wohnte zwar direkt gegenüber von Martins Haus, aber es machte Sabine schon lange nichts mehr aus, wenn sie Martin unverhofft sah. Sie sahen in solchen Momenten beide geflissentlich zur anderen Seite. Sabine rief kurz bei Steffi an, um ihren Besuch anzukündigen. Sie freute sich auf das Treffen mit ihrer Freundin. Sie ahnte, dass Steffi bereits den Sekt kaltgestellt hatte, um mit ihr auf die erfolgreiche Scheidung anzustoßen.

Kurz darauf saß Sabine in ihrem Auto und machte sich auf den Weg. Sie liebte ihren alten Mercedes. Eigentlich konnte sie es sich nicht leisten, ein so großes und kostspieliges Auto zu fahren, aber zum Glück war ein gemeinsamer Bekannter von ihrem Ex-Mann und ihr ein begnadeter Autoschrauber, der sie schon oft vor kostspieligen

Aufenthalten in der Werkstatt bewahrt hatte, da er aus Freundschaft immer nur die auszutauschenden Ersatzteile berechnete, wenn etwas an ihrem Wagen defekt war. Sabine lauschte dem satten Brummen des Motors. In Gedanken reiste sie in die Vergangenheit und ließ die beiden letzten Jahre Revue passieren. Nachdem sie aus der gemeinsamen Wohnung ausgezogen war, hatte es das übliche Anwaltsgeplänkel gegeben, aber mehr nicht. Sie hatte schon die bei Scheidungen übliche Schlammschlacht befürchtet, aber die war ausgeblieben. Kurz und knapp hatte man sich per Brief über die wichtigsten anstehenden Dinge informiert und sich jeden persönlichen Kommentars enthalten. Darüber war Sabine froh. Es machte sie fassungslos, wenn sie sah, was sich bei Freunden und Bekannten, die sich scheiden ließen, an Gemeinheiten abspielte. Liebe konnte schnell in Hass umschlagen. Die ehemals Liebenden kämpften oft einen langen zermürbenden Kampf ohne wirkliche Sieger.
Sabine konzentrierte sich wieder auf die Fahrstrecke. Sie war fast am Ziel. Die Straße führte bergab. Direkt hinter der nächsten Kurve lag Steffis Haus und genau gegenüber ihr ehemaliges Zuhause, das Martin nun allein bewohnte. Sabine ließ den alten Mercedes zügig die Straße hinabrollen und sang laut zur Musik aus dem Radio. Kurz vor der Kurve wollte Sabine das Auto abbremsen, aber die Bremse reagierte nicht.

„Mist“, fluchte sie und trat das Bremspedal nochmals mit aller Kraft durch. Nichts! Sie riss den Hebel der Handbremse hoch und vermisste den üblichen Widerstand. Da war nichts! Das Bremsseil war gerissen.

Das konnte nicht sein! Sie war doch erst gestern beim Autoschrauber ihres Vertrauens gewesen. Oh Gott! Plötzlich war ihr alles klar! *Das* war also der Plan ihres Mannes! In Sekundenschnelle fügte sich alles zu einem Ganzen zusammen. Ihr Mann und Thomas, so hieß der Autoschrauber, waren eng befreundet – schon lange, bevor sie ihren Mann kennenlernte. Martin hatte sich wahrscheinlich während des Scheidungsverfahrens so zahm gezeigt, weil er anschließend eine viel endgültigere Lösung angestrebte. Und Thomas hatte ihn dabei unterstützt, in dem er ihr Auto manipulierte. Martin hatte einmal hasserfüllt während eines der wenigen Telefonate gesagt, dass sie niemandem außer ihm gehören würde – dafür würde er schon sorgen! Das hatte Sabine damals nicht ernst genommen, aber jetzt schossen ihr diese Worte blitzartig durch den Kopf.

In Zeitlupentempo nahm sie wahr, dass der schwere Wagen aus der Kurve schleuderte, gegen die Wand von Steffis Haus krachte, einen Linksdrall bekam, über einen niedrigen Betonpoller schoss, abhob und dann frei durch die Luft flog! Sabine hielt das Lenkrad fest und kreischte! Sie kniff die Augen zu und wartete auf den Aufprall.

Sie sah nicht, dass Martin genau in dem Moment aus der Haustür trat, als sich der Mercedes im freien Flug befand. Das, was sich für Sabine im Auto wie Zeitlupe anfühlte, ging für Martin draußen rasend schnell. Gerade noch ein Mann im besten Alter – und zwei Sekunden später schon eine Intarsie an der eigenen Hauswand!
Sabine kreischte nicht mehr. Halb taub vom Knall des Airbags, durchgeschüttelt von der wilden Fahrt und mit schmerzendem Brustkorb vom Ruck des Sicherheitsgurtes stieg sie aus dem verbeulten Mercedes. Mit zitternden Knien wankte sie auf Steffis Haus zu, ohne sich umzusehen. Ein Glas Sekt hatte sie nun wirklich bitter nötig!

Als kurz darauf die Polizei bei Steffi klingelte und fragte, ob sie etwas von dem Unfall mitbekommen hätte und ob der Unfallfahrer zufällig bei ihr sei, ahnte Sabine noch nichts von Martins Tod. Als der Polizist ihr mitteilte, was genau passiert war, war sie fassungslos. Martin zermatscht von ihrem Auto! Igitt! Einen kurzen Moment lang war Sabine geschockt. Aber dann rief sie sich ins Gedächtnis, dass *sie* eigentlich umgebracht werden sollte. Das war gründlich schiefgegangen. Martin, der Sabine mittels Automanipulation ins Jenseits befördern wollte, war nun selbst dort. Es hatte sich wieder einmal bewahrheitet: Niemand entkam seinem Karma. Und in Martins Fall war das Karma wirklich schnell und die Manifestation im wahrsten Sinne des Wortes „fest“: Der alte Mercedes wog fast eintausendvierhundert Kilogramm.

„Bis dass der Tod euch scheidet ...“, murmelte Sabine leise und musste grinsen. Genau das hatte Martin sicher auch gedacht, als er seinen bösen Plan ausheckte – aber die neue Variante gefiel Sabine eindeutig besser!

Spinne am Morgen

Martha stieß einen lauten Fluch aus, als das dunkle Haarfärbemittel auf ihre Fellpantoffeln tropfte. Schnell rubbelte sie mit einem feuchten Tuch über die Flecken, die wie erwartet nicht zu beseitigen waren. Verdammt, ihre Pantoffeln waren ruiniert! Martha richtete sich auf und blickte mit gerunzelter Stirn in den Spiegel. Die dunkelbraune Haarfarbe hatte ganze Arbeit geleistet. Kein graues Haar war mehr zu sehen. Zufrieden lächelte Martha sich im Spiegel an. Gutes Aussehen war wichtig – besonders jetzt! Bis vor kurzem war sie die attraktivste Frau im Haus gewesen. Die anderen Bewohnerinnen waren graue Mäuse. Martha hatte immer mit Freude zur Kenntnis genommen, dass die Männer ihr die Tür aufhielten, ihren Mülleimer mit auf die Straße nahmen und gern mit ihr plauderten. Doch diese kleinen Nettigkeiten, an die sie sich so sehr gewöhnt hatte, waren plötzlich eingestellt worden. Martha war out! Eine andere hatte ihren Platz eingenommen.
Vor zwei Wochen war im Erdgeschoss eine Wohnung frei geworden. Alle Hausbewohner warteten gespannt auf den neuen Mieter. Nach einigen Tagen fuhr ein Möbelwagen vor. Blumen, Kisten, Mobiliar und Teppiche wurden ins Haus getragen. Kurz darauf hielt ein kleines Auto und eine junge Frau lief zum Hauseingang. Martha, die

hinter der Gardine alles beobachtet hatte, traf beinah der Schlag. Konkurrenz, hämmerte es in ihrem Hirn.
Doch Martha nahm die Herausforderung an. Sie kaufte Diättabletten, Gesichtsmasken, teure Nachtcreme und andere Produkte, die Schönheit und ewige Jugend versprachen. Da das Abnehmen eine gewisse Zeit erforderte, besorgte sie sich „Shapewear" – früher auch bekannt als Miederware. Mit dieser Folterwäsche wollte sie ihren Pölsterchen zu Leibe rücken. Auch neue Garderobe musste sein. Klotzen, nicht kleckern, dachte sie und plünderte ihr Sparbuch. Dann stürmte sie diverse Boutiquen. Das Prunkstück ihres Kaufrausches war ein knallroter Overall. Kräftige Farben machen jung! Davon war Martha überzeugt. Mit aller Gewalt zwängte sie ihren Körper in die wehrlose Textilie. Die Verkäuferin hatte zwar vom Kauf abgeraten und etwas Dezenteres vorgeschlagen, aber Martha ließ sich nicht beeinflussen. Diesen Overall musste sie haben! Im Kaufhaus nebenan erstand sie ein paar rote High Heels. Ihr Gang verlor zwar an Grazie, aber ihre Beine sahen sofort schlanker aus.

Nun war sie für den Kampf gerüstet. Wenn sie der jungen Mieterin im Treppenhaus begegnete, wandte sie ihren lang geprobten Verachtungsblick an. Sie taxierte die junge Frau von oben bis unten und rauschte dann mit einem langgezogenen „Ppp ..." an ihr vorbei.

In ihrer neuen Garderobe fühlte sich Martha um Jahre jünger. Doch die erhoffte Reaktion der männlichen Mitbewohner ließ auf sich warten. Neuerdings wurde im Flur getuschelt und gelacht. Wenn Martha jedoch auftauchte, verstummten die Gespräche plötzlich und man verschwand hinter der Wohnungstür.

Mittlerweile war es Sommer. Die Temperaturen stiegen. Eines Morgens beschloss Martha, sich auf dem Hof zu bräunen. Auch für diesen Zweck war sie gerüstet. Sie hatte sich einen zitronengelben Bikini gekauft. Er saß ziemlich eng – aber der textilfreie Rest ihres Körpers hatte viel Platz, den er auch sofort beanspruchte. Martha schritt mit Liegestuhl, Handtuch und Sonnenöl die Treppe hinunter zum Hof. Als sie die Tür öffnete und nach draußen blickte, stockte ihr der Atem. So eine Unverschämtheit! Auf ihrem Stammplatz bei dem kleinen Apfelbaum lag bereits sonnengebräunt die junge Mieterin in einem traumhaften Bikini. Wutschnaubend knallte Martha die Hoftür zu und trat den Rückzug an. Sie quetschte sich mit ihrem Liegestuhl auf den Balkon und grübelte. Als es Abend wurde und sie ihre rotglühende Haut mit einer Quarkmaske kühlte, war ihr Plan perfekt. Zu später Stunde schlich sie mit gefüllter Mülltüte durch das Treppenhaus. Schnell schüttete sie den Unrat auf die Fußmatte der verhassten Konkurrentin und pirschte

dann leise zurück. Ein zufriedenes Lächeln lag auf ihrem Gesicht.
In ihrer Wohnung holte sie mehrere kleine Käsekugeln einer streng riechenden Sorte aus der Vorratskammer und legte sie von außen auf die Fensterbank. Sobald sie ihren Duft voll entfaltet hätten, würden sie ihr Ende im Briefkasten der neuen Mieterin finden. Martha kicherte hämisch, als sie ihre Hände wusch. Die Sache machte ihr Spaß. Zufrieden schlief sie ein.

Der nächste Morgen begann mit einer Enttäuschung. Martha war früh aufgestanden. Als sie voller Vorfreude durch das Guckloch ihrer Wohnungstür äugte, war der Schmutz auf der Fußmatte der jungen Nachbarin schon beseitigt. Martha ärgerte sich, aber der Gedanke an den stinkenden Käse auf der Fensterbank stimmte sie versöhnlich. Gegen Abend wickelte sie den weichen stinkenden Käse in Zeitungspapier, flitzte die Treppe hinunter und presste die übelriechende Masse mit aller Kraft in den Briefkasten der jungen Frau. Das Zeitungspapier knüllte sie zusammen und kickte es mit Schwung in den Hausflur. Auf dem Rückweg in ihre Wohnung fiel Martha bereits eine neue Gemeinheit ein. Aber sie wollte nichts überstürzen. Martha plante, den Rest des Abends ihrer Schönheitspflege zu widmen und ein paar neu erstandene Kosmetikprodukte auszuprobieren.

Wenige Tage später holte Martha aus der Werkzeugkiste ihres verstorbenen Mannes ein dünnes Drahtstück. Mit diesem und einer Zange bewaffnet schlich sie ins Treppenhaus, steckte den Draht ins Türschloss der neuen Mieterin, kniff das überstehende Stückchen ab und verließ den Ort ihres schändlichen Tuns. Mit Genugtuung bemerkte sie abends eine gewisse Unruhe im Treppenhaus. Sie blickte erwartungsvoll durch den Türspion. Draußen stand die junge Frau mit Einkaufstüten vor ihrer Wohnungstür und diskutierte mit dem Mann des Schlüsseldienstes. Martha triumphierte.

Sie machte es sich zur Gewohnheit, ihrer neuen Mitbewohnerin jeden zweiten oder dritten Tag eine kleine Freude in Form von Hausmüll auf der Fußmatte, Kartoffelschalen im Briefkasten, einer gestohlenen Zeitung und anderen Nettigkeiten zu machen. Bald waren zwei Monate verstrichen. Doch im Haus munkelte man noch nichts über etwaige Kündigungspläne der neuen Mieterin. Martha begann, sich ernsthafte Sorgen zu machen.

Eines Abends, als sie unzufrieden auf ihrer Couch lag und durch die Fernsehprogramme zappte, blieb sie bei einem Horrorfilm hängen, in dem riesige behaarte Monsterspinnen in einem Hotel ihr Unwesen trieben und die ahnungslosen Gäste in ihren teuflischen Netzen fingen, um sie später genüsslich zu verdauen. Beim Anblick der kreischenden, verängstigten Hotelgäste musste Martha sofort an ihre Konkurrentin denken. Spinnen, das war eine gute Idee! Martha schüttete sich ein Gläschen Eierlikör ein und arbeitete an ihrem neuen Plan.

In den nächsten Wochen war Martha in diversen Tierhandlungen zu sehen. Langsam entwickelte sie sich zur Kennerin der Gattung Spinne, Skorpion und Käfer. Zuerst aber musste sie ihren eigenen Ekel vor diesem krabbelnden Getier überwinden. Diese vielen Beine mit Borsten und Widerhaken – einfach eklig!

Am liebsten ging sie in ein kleines Tiergeschäft ganz in der Nähe ihrer Wohnung. Der Besitzer passte in jedes Klischee, das man sich von Spinnenfreunden macht. Ganz in schwarzem Leder und tätowiert von oben bis unten hockte der ältere Mann hinter dem Tresen des Tiergeschäfts. Er konnte allerdings so interessant über Spinnen erzählen, dass Martha manchmal ihre Abneigung gegen diese haarigen Krabbler vergaß. Er berichtete, dass Vogelspinnenweibchen wesentlich älter als Vogelspinnenmännchen wurden. Sie konnten in Gefangenschaft bis zu fünfundzwanzig Jahre alt werden. Die Männchen segneten früher das Zeitliche. Oft wurden sie bei der Paarung von den Weibchen gefressen. Aber auch hier hatte der Experte einen Tipp: Nach der Paarung schnell einen Holzkochlöffel zwischen Männchen und Weibchen halten.

Dann konnte das Männchen fliehen. Martha grinste. Vielleicht hätte sie auch manchmal besser einen Holzkochlöffel zwischen sich und den Gatten halten sollen.
Zu guter Letzt entschied Martha sich für eine Rotknie-Vogelspinne. Ein erwachsenes Tier, das beeindruckend groß und – wie der Name verrät – an den Beinen rot gefärbt war. Für rund sechzig Euro erwarb Martha die Kreatur, die sie mit weit von sich gestrecktem Arm in einem Holzkästchen nach Hause trug. Das eklige Vieh war ganz schön teuer gewesen, aber wenn ihr Plan gelang – und daran zweifelte Martha keine Sekunde – war es eine lohnende Investition. Zu Hause stellte sie das Kästchen auf den Küchentisch und lauschte dem schabenden Geräusch der Spinnenbeine. Mehrmals überprüfte sie, ob der Deckel des Kästchens fest verschlossen war. Sonst wäre bald im Haus eine Wohnung frei – nur leider die falsche!
Nun musste Martha bald handeln. Die Spinne brauchte zwar erst einmal nur ein bisschen Wasser, aber irgendwann wollte sie auch etwas fressen. Aber bis dahin wollte Martha sie schon für ihren teuflischen Plan genutzt haben.

Es war Samstagmorgen. Martha blickte erwartungsvoll aus dem Fenster. Ein herrlicher Sommertag – geradezu perfekt für Marthas Absichten. Sie machte sich eine

Tasse Kaffee und beobachtete den Hof. Schon bald erschien die junge Mieterin mit Decke, Zeitung und Sonnenöl. Martha ließ ein paar Minuten verstreichen. Dann holte sie das Kästchen mit der Spinne, schob den Küchenstuhl zum geöffneten Fenster, klettere hinauf und blickte nach unten. Die Mieterin räkelte sich genussvoll auf ihrer Decke und genoss die wärmenden Sonnenstrahlen. Martha berechnete im Geiste die Wurfrichtung. Sie schwenkte den Arm mit dem Kästchen mehrmals probeweise durch die Luft. So müsste es funktionieren! Martha öffnete mit zitternden Händen das Kästchen. Sofort erschienen tastend und prüfend die behaarten Spinnenbeine. Einfach widerlich! Martha schüttelte nun das Kästchen, um den Sturz der Spinne herbeizuführen. Aber die Spinne hielt sich fest. Martha schüttelte heftiger, aber das verdammte Vieh wollte nicht loslassen. Panik ergriff Martha. Vielleicht fiel die Spinne nicht nach unten, sondern lief gleich blitzschnell ihren Arm hinauf?! Erneut schüttelte sie hektisch das Kästchen. Mit einem quietschenden Geräusch rutschte der alte Küchenstuhl über den glatten Fliesenboden. Martha verlor das Gleichgewicht. Die Spinne fiel nach unten – Martha leider auch. Während sie in Todesangst kreischte, hörte sie auch das Kreischen der Nachbarin. Ein dumpfes „Plufff" ertönte, als beide Körper aufeinandertrafen. Dann war es still. Auch die Spinne hatte es erwischt. Zerquetscht zwischen zwei Frauenkörpern, von denen einer recht üppig war, hauchte sie ihr Leben aus. Wäre sie ein Männchen gewesen, hätte sie vielleicht noch ganz kurz gelächelt.

Surprise, Surprise

Mit einem knirschenden Geräusch köpfte Sir Henry sein Frühstücksei. Ein wenig Eigelb sickerte auf das weiße Damast-Tischtuch. Sichtlich vergnügt widmete sich der Lord seinem üppigen Frühstück. Er hatte soeben die "Times" gelesen. Die Börsenberichte fielen zu seiner vollsten Zufriedenheit aus. Seine Firma stand mit an der Spitze der in England führenden Elektronikhersteller. Natürlich gab es Konkurrenten – aber für Shark Electronics – so hieß die Firma von Sir Henry – blieb ein ordentliches Stück vom Kuchen übrig. Sir Henry trank noch eine Tasse Earl Grey. Danach lehnte er sich entspannt zurück und zündete sich eine seiner teuren handgerollten kubanischen Zigarren an.

Sir Henry liebte die frühen Morgenstunden. Im Haus war es ruhig. Die Dienerschaft frühstückte in der Küche und die Mitarbeiter seines Unternehmens kamen erst in einer Stunde. So hatte er Zeit, seinen Gedanken nachzuhängen.

Leise betrat der Butler den Raum. Auf einem Silbertablett brachte er die Post. Nachdem der Diener den Raum verlassen hatte, öffnete Sir Henry die Umschläge. Die üblichen Rechnungen, Angebote, Kontoauszüge und Werbung – also nichts Besonderes. Doch ganz unten unter den Umschlägen lag ein schmales braunes Päckchen.

Neugierig zerriss Sir Henry das Papier. Ein kleines Buch kam zum Vorschein. Süße Tropfen der Rache – dieser Titel sagte Sir Henry nichts. Belletristik interessierte ihn nicht. Er las nur Börsenberichte und die Tageszeitungen. Die Verfasserin des Buches hieß Priscilla Trepan. Diesen Namen hatte er schon einmal gehört. Er suchte nach einem Begleitschreiben oder einem Absender. Aber da war nichts. Plötzlich fiel ihm ein, wer Priscilla Trepan war. Er kannte sie sogar persönlich. Es war eine der Sekretärinnen, die für Shark Electronics – also für ihn – gearbeitet hatte. Vor einem halben Jahr hatte er sie entlassen. Sie hatte sich nichts zuschulden kommen lassen, aber auch er musste Kosten senken, um im internationalen Wettbewerb konkurrenzfähig zu bleiben. Daher hatte er vor einem halben Jahr die Belegschaft deutlich dezimiert. Zum Glück waren die Betriebsräte zahnlose Tiger, die nur kurz miauten und dann der Aktion zugestimmten. Die Angestellten und Produktionsmitarbeiter, die noch übrigblieben, mussten nun die Arbeit der Entlassenen mit übernehmen und waren allesamt überlastet. Aber niemand traute sich, etwas zu sagen.
Sir Henry erinnerte sich daran, dass er Priscilla Trepan die Kündigung einen Tag vor ihrem Jahresurlaub mitgeteilt hatte. Sie sagte nicht viel dazu, aber die Kündigung hatte sie natürlich vollkommen unvorbereitet getroffen. Dass ihr Urlaub nicht den gewünschten Erholungswert

brachte, war auch klar. Aber um solche Dinge machte sich Sir Henry keine Gedanken. Und sooo schlecht konnte ihr die Kündigung ja nicht bekommen sein. Jetzt war sie sogar Autorin.
Sir Henry reiste gedanklich in die Vergangenheit. Auch er hatte klein angefangen. Aber mit Fleiß und Glück hatte er sich langsam nach oben gearbeitet. Natürlich wurden nicht alle Geschäfte im Sinne des Finanzamtes abgewickelt, aber wer versuchte heutzutage nicht, dem Fiskus so wenig wie möglich abzugeben. Wenn dann tatsächlich eine Steuerprüfung anstand, musste die Buchhaltung Überstunden machen, um die Bücher ein wenig zu korrigieren. Und wenn man endlich in die gehobenen Kreise gelangt war, konnte man viele Probleme beim Golfspielen lösen. Dort hatte er auch schon so manches lukrative Geschäft eingefädelt. Geld war zwar nicht alles, aber es entspannte doch ungemein.
Sir Henry ließ es sich jedenfalls gut gehen. Er war mittlerweile zum dritten Mal verheiratet und seine Gattinnen wurden immer jünger. Er selbst war nun 67 Jahre alt und merkte, dass sein gutes Aussehen ihn langsam verließ. Auch einige körperliche Zipperlein machten sich bemerkbar. Aber er achtete immer noch sehr auf sich. Er trieb Sport und war das ganze Jahr über sonnengebräunt. Aber ihm war bewusst, dass er seinen Zenit überschritten hatte. Die guten Jahre waren vorbei. Das frustrierte ihn.

Und diese Frustration gab er an alles und jeden weiter. Er veränderte sein schon damals nicht ganz korrektes Verhalten seinen Mitarbeitern gegenüber. Er liebte es, sehr ungenaue Fragen zu stellen oder ungenaue Angaben über eine Sache zu machen. Dann beauftragte er einen Mitarbeiter, genau diese Sache zu erledigen. Es amüsierte ihn, den armen Menschen mit hochrotem Kopf in Akten und Unterlagen wühlen zu sehen. Die Chance, die Angelegenheit ohne Rückfrage bei Sir Henry zu erledigen, lag bei Null. Und wenn der Angestellte nochmals wegen der fraglichen Sache zu ihm kam, um nähere Angaben zu erbitten, blickte Sir Henry ihn mit jahrelang geübtem verächtlichen Gesichtsausdruck an und formulierte ironische Sätze, die deutlich verstehen ließen, wie es mit der Intelligenz des Mitarbeiters bestellt sei. Sir Henry liebte es, seine Mitarbeiter zu erhöhen oder zu erniedrigen – ganz, wie es ihm gefiel. Er lobte, erhöhte Gehälter, verteilte Führungspositionen, um sie genauso schnell zurückzunehmen oder Mitarbeiter zu kündigen. Das Leid der Mitarbeiter entschädigte ihn für all seine persönlichen geheimen Nöte und Ängste, die nur er kannte. Wie ein kleiner Gott herrschte er in seinem Unternehmen. Er spielte Schicksal und genoss es.

Diese Priscilla Trepan hatte er schon längst wieder vergessen. Doch nun, als er das Buch in seinen Händen hielt, erschien ihr Bild vor seinem geistigen Auge. Eine junge

Frau, nicht hübsch, aber apart, freundlich, hilfsbereit und engagiert. Die Standuhr in der Diele schlug und erinnerte ihn daran, dass er sich umziehen musste. Die Verwaltung war hier in seinem großen Familienanwesen untergebracht. So hatte er alles jederzeit unter Kontrolle. Aber er war doch neugierig, was eine ehemalige Angestellte schrieb. Schnell blätterte er die Seiten durch. Es waren Kurzgeschichten. Eine davon war die Geschichte einer Sekretärin, die von ihrem Chef kurzfristig entlassen wurde. Diese Sekretärin arbeitete einen teuflischen Racheplan aus. Sie spannte an ihrem letzten Arbeitstag zwischen der Tür des Chefzimmers einen rasierklingenscharfen Metalldraht. Dann schrie sie laut um Hilfe. Ihr Chef stürzte aus seinem Zimmer – und der Draht trennte seinen Kopf vom Rumpf. Sir Henry schleuderte das Buch auf den Tisch. Was für eine kranke Geschichte! Er verließ den Raum, um sich umzuziehen.
Eine Viertelstunde später verließ er seine Privaträume im Obergeschoß des Hauses. Der gutsitzende Anzug aus edlem Tweed und der Duft seines Rasierwassers verliehen ihm das gewohnt sichere Auftreten. Energiegeladen schritt er den Korridor entlang. Noch war es ruhig auf den Gängen. Seine Mitarbeiter würden in einer halben Stunde erscheinen. Plötzlich stutzte er. Die Tür seines Arbeitszimmers war geöffnet. Das war sehr ungewöhnlich. Es war doch noch niemand im Haus. Sicher hatte die

Putzfrau gestern Abend vergessen, sie zu schließen. Da war mal wieder eine Abmahnung fällig! Er eilte durch den Gang. Kurz vor seinem Büro blieb er erneut stehen. Das konnte doch nicht wahr sein! Er schien zu halluzinieren! In seinem Büro stand seine ehemalige Mitarbeiterin – besagte Priscilla Trepan. Aber sie stand nicht einfach nur da. Sie hatte das Wandbild zur Seite geschoben und versuchte gerade, den Tresor zu öffnen. Sir Henry schoss die Zornesröte ins Gesicht. „Was fällt Ihnen ein?!", brüllte er und stürmte wutschnaubend den Gang entlang in sein Büro.

Mit leisem Sirren trennte der Metalldraht Sir Henrys Kommandozentrale vom Rest seines Körpers. Zum allerersten Mal stand der Direktor ziemlich kopflos im Büro.

Dass Priscilla Trepan schwanger war, als sie entlassen wurde, wusste Sir Henry nicht. Dass er gleichzeitig ihren Freund, Steward Miller, gefeuert hatte, wusste Sir Henry auch nicht. Aber dass sich eine Frau nicht alles gefallen ließ, das wusste er nun. Aber ob es diese Information noch bis in sein Hirn schaffte, blieb offen.

Genau wie sein Hals.

Des Pudels Kern

Nele schloss erschöpft ihre Wohnungstür auf. Was für ein Tag! Sie war seit heute Morgen um vier Uhr unterwegs. Mit ihrer Clique war sie zu einem großen Antikmarkt in Belgien gefahren. In der Stadt Tongeren fand seit über dreißig Jahren ein riesiger Trödelmarkt statt, der jeden Sonntag um sechs Uhr morgens öffnete. Hunderte von Trödelständen – teilweise überdacht – boten für jeden das passende. In dieser Mischung aus Antik- und Flohmarkt konnte man nach Herzenslust nach besonderen Dingen stöbern. Und genau das hatten Nele und ihre Freundinnen getan. Eigentlich war sie auf der Suche nach Tier-Ölbildern. In Deutschland waren diese Ölbilder meist sehr teuer, wenn sie gut gemalt waren. Nele hoffte, vielleicht in Tongeren preisgünstiger an schöne Tiermotive zu kommen. Sie hatte ihre Wohnung wie ein kleines Cottage eingerichtet, ein bisschen britisch und gemütlich. Weiße Scheibengardinen, ein Elektrokamin, Geschirr mit Rosen, gemütliche Sessel – Nele liebte ihr kleines kuscheliges Nest. Und überall lagen Bücher herum. Sie genoss es, abends in eine Decke eingewickelt spannende Geschichten zu lesen. Die junge Frau ließ sich gern in die Phantasiewelten der Autoren entführen.

Heute hatte Nele ausnahmsweise keine Lust zu lesen. Sie wollte nur etwas essen, duschen und dann schlafen. Der

Tag war schön, aber auch anstrengend gewesen. Von sechs Uhr morgens bis ein Uhr mittags war sie mit ihren Freundinnen über den Antikmarkt gelaufen, danach hatten sie noch etwas gegessen und waren dann zurück nach Deutschland gefahren. Natürlich standen sie nachmittags im Stau, so dass Nele erst um kurz nach sieben zu Hause war. Aber der Tag hatte sich gelohnt. Nele hatte zwar kein schönes Tier-Ölbild gefunden, denn die waren in Tongeren genau so teuer wie in Deutschland, aber dafür hatte sie eine schöne geschnitzte Figur mitgebracht und einen kleinen vergoldeten Spiegel, der eine Sonne darstellte. Eigentlich war sie schon zusammen mit ihren Freundinnen auf dem Rückweg vom Antikmarkt zum Auto. Da sah sie auf dem Bürgersteig eine alte Frau auf einer Decke sitzen. Auf dieser Decke befanden sich nur wenige Gegenstände. Aber einer davon weckte Neles Aufmerksamkeit. Eine hohe, schmale Gestalt – ein Mann. Aus dunklem Holz geschnitzt. Schmales Gesicht, eine Art Geißbart, eine kecke Kappe schräg auf dem Kopf – ein bisschen gewandet wie ein Till Eulenspiegel – aber nicht bunt, sondern ganz schwarz. Nele fand diese Figur faszinierend. Dann fiel Neles Blick auf den kleinen goldfarbenen Spiegel, der neben der Figur lag. Der würde perfekt in ihre Diele passen. Nele fragte nach dem Preis für beide Teile. Die alte Frau nannte eine geringe Summe, die Nele sofort akzeptierte. Sie bezahlte und verstaute die Beute in ihrer großen Umhängetasche. Dann lief sie schnell hinter ihren Freundinnen her, die schon weitergegangen waren. Als sie sich kurz darauf nochmals nach der alten Frau umdrehte, war diese verschwunden. Auch die Decke war nicht mehr da.

Nele musste niesen. Das brachte sie in die Gegenwart zurück. Der Tag heute war kalt und regnerisch. Jetzt brauchte sie eine heiße Dusche. Danach wickelte sie sich in ihren alten Bademantel und öffnete eine Dose Ravioli. Ihr Magen knurrte bereits laut, als sie sich mit dem gefüllten Teller auf ihr Sofa setzte. Nach dem Abendessen betrachtete Nele die Figur vom Flohmarkt genauer. Dieses schwarze Material konnte sie nicht genau bestimmen. War es Holz oder eine Art Plastik? Es gab keine Pressnähte. Auch fand sich nirgends ein Name oder ein eingravierter Hinweis. Die Figur war ungefähr fünfundzwanzig Zentimeter groß und sehr präzise gefertigt. Man konnte genau das Gesicht und den Bart erkennen. Die Augenbrauen, die Hakennase, die Kappe mit der Feder – alles sehr detailgetreu.

Nele stellte die Figur in ihr Bücherregal direkt neben die Bände mit der deutschen Volkspoesie. Der kleine goldene Spiegel wurde in der Diele aufgehängt.

Als Nele das nächste Mal duschte, hatte sie ein komisches Gefühl. Sie konnte es nicht genau beschreiben, aber sie war nicht so entspannt wie sonst. Sie wollte die

Badezimmertür aus irgendeinem Grund nicht schließen. Als sie zurück ins Wohnzimmer kam, hatte sie das Gefühl, das sich etwas verändert hatte. Aber alles war so wie immer.
Dieses merkwürdige Gefühl beschlich sie immer öfter. Sie fühlte sich beobachtet. So etwas kannte Nele nicht. Ihre Wohnung war ihr Bollwerk gegen die Welt. Hier fühlte sie sich geborgen und sicher. Dieses neue Gefühl machte ihr Angst.
Als nach einer Woche dieses Unbehagen immer stärker wurde, begann Nele zu grübeln. Sie kam sich bereits leicht neurotisch vor.
In den nächsten Wochen lief in Neles Leben einiges schief. Ihr Kühlschrank gab den Geist auf, ihre Waschmaschine lief aus und setzte die Wohnung unter Wasser, Nele rutschte auf dem Nachhauseweg auf nassem Laub aus und zog sich einen Bänderriss zu und zu guter Letzt hauchte auch noch ihr Handy sein Leben aus.
So viel Pech war unnatürlich. Nele lag schlecht gelaunt mit einem dicken Verband um ihren Knöchel auf dem Sofa und hing ihren Gedanken nach. Sie fühlte sich in ihrer Wohnung nicht mehr wohl. Dieses Unbehagen wurde immer stärker. Und diese ganzen merkwürdigen Ereignisse in letzter Zeit. Wann genau hatte das eigentlich begonnen? Nele grübelte vor sich hin. Und dann fiel es ihr ein: Nach ihrer Rückkehr aus Tongeren!

Aber es konnte doch nicht an dem goldenen Spiegel liegen? Oder an der Figur? Nele stand auf und humpelte zum Bücherregal. Sie nahm die Figur in die Hand und betrachtete sie genau. Sie war genauso interessant wie damals. Gut gearbeitet, detailreich geschnitzt. Das schmale Gesicht mit dem kleinen Ziegenbart, ein kurzes Wams, eine Strumpfhose, kurze Stiefelchen. Stopp! Es war nur *ein* Stiefel. Am Ende des anderen Beins war kein Schuh, sondern ein Huf! Das hatte sie bis jetzt noch gar nicht bemerkt! Wie unheimlich! Nele bekam eine Gänsehaut. Das war kein normaler Mensch. Sie hatte einen Teufel in der Wohnung! Nein, sie wollte ihn lieber "Mephisto" als "Teufel" nennen. Nele war ein großer Goethe-Fan und liebte die Faust-Tragödie. Und so, wie Nele den Faust interpretierte, hatte Mephisto als das Prinzip der Negation zwar böse Absichten, war aber ein Teil des göttlichen Plans und für das Funktionieren der Welt zwingend notwendig. Also war er nicht einfach nur aus purer Bosheit gemein, sondern erfüllte einen nützlichen Zweck.
Nun gut, jetzt hatte sie ihren eigenen Mephisto. Zum Glück hieß sie nicht Gretchen. Und die Frage nach der Religion hatte sie sich schon lange nicht mehr gestellt.
Der schwarze Mephisto beherrschte Neles Gedanken mehr und mehr. Sie fühlte sich beobachtet. Einmal hatte sie beim Duschen ein Geräusch in der Wohnung gehört und förmlich darauf gewartet, dass eine pechschwarze

schlanke Hand am Rahmen der geöffneten Badezimmertür erscheinen würde. Diese Vorstellung war so real, dass sie in Panik aus der Dusche stürmte und ins Wohnzimmer rannte. Doch da war nichts. Mephisto stand brav und friedlich im Regal.
Ab sofort nahm sie ihren Mephisto beim Duschen mit ins Badezimmer, weil sie sich einbildete, dass er ansonsten, während sie im Badezimmer war, in Lebensgröße in der Wohnung herumspazieren würde.
Wenn Nele auf dem Sofa lag und las, drehte sie die schwarze Figur um, damit Mephisto die Wand anstarren musste und sie nicht beobachten konnte.
Gut, dass ich hier allein lebe, dachte sie. Ein Freund oder eine Freundin hätte sie sicher schon zur Psychotherapie angemeldet.
Als Nele nach ein paar Tagen wieder einmal niedergeschlagen auf ihrem Sofa hockte und über ihr Pech in den letzten Wochen nachdachte und wie unwohl sie sich in ihrer Wohnung fühlte, traf sie eine Entscheidung: Dieser Mephisto musste weg!
Nele war eigentlich ein Mensch, der mit beiden Beinen auf der Erde stand und der nicht an übersinnliche Dinge glaubte – aber in diesem Fall gab es eine eindeutige Verknüpfung von Mephisto zu den merkwürdigen Dingen der letzten Wochen.

Noch heute würde sie ihn entsorgen! Aber – konnte sie diese Figur einfach im Mülleimer entsorgen? Sie traute sich nicht.
Genau, wie sie nie eine Heiligenfigur einfach in den Müll werfen würde, hatte sie auch bei diesem Mephisto Bedenken.
„Ich bin echt bescheuert", sagte sie zu sich selbst. Irgendein tiefsitzender Aberglaube in ihr wollte nicht, dass der Mephisto so einfach entsorgt wurde. Aber weg musste er – das war klar. Nele wickelte die Figur in ein weiches Tuch und packte sie in eine Plastiktüte. So war Mephisto geschützt gegen die Dinge, die im Müllcontainer lagen. Am späten Abend machte sie sich auf den Weg durch den Hausflur und humpelte mit einer Tüte Hausmüll und mit ihrem verpackten teuflischen Freund in der Hand nach unten. Nele öffnete die schwere alte Haustür und ging zum Müllcontainer, der links neben dem Haus in einer gemauerten Nische stand.
Dieser verdammte Müllcontainer war schon wieder überfüllt. Der Deckel stand weit offen. Einige Mülltüten lagen bereits vor dem Container. So eine Sauerei! Sicher würden hier bald Ratten auftauchen. Fluchend warf Nele ihren Hausmüll ganz oben auf den Berg im Container. Dann warf sie den in einer Tüte verpackten Mephisto hinterher.

„Gehabt Euch wohl, Gevatter Teufel", rief sie und ging zurück zum Haus. Sie öffnete die schwere Holztür und betätigte den Lichtschalter im Flur. Nichts! Nur Dunkelheit! Mist! Nele humpelte ein paar Schritte ins Haus. Dann hielt sie inne. War da nicht ein schleifendes Geräusch? Ihr stockte der Atem. Mephisto! Er ließ sich nicht so einfach entsorgen. Er war hier, um Rache an ihr zu nehmen! Nele keuchte leise in der Dunkelheit. Aber sie würde nicht untergehen, ohne zu kämpfen. Sie wusste, dass rechts neben der Haustür die alte schwere Eisenschaufel stand, mit der der Hausmeister immer den Schnee vom Bürgersteig schob. Entschlossen griff sie in die Dunkelheit und hoffte, dort nicht von einer eiskalten Hand zurückgehalten zu werden. Sie spürte das kühle Metall. Da war die Schaufel. Nele packte energisch zu. Mit dieser Waffe in der Hand schlich sie leise weiter. Vorn am ersten Treppenabsatz war ein dunkler Schatten – eine Gestalt wartete dort. Neles Herz klopfte zum Zerspringen. Das Blut rauschte in ihren Ohren. Sie würde zur Hölle fahren – das war ihr klar. Aber nicht ohne zu kämpfen. Mit einem Wutschrei stürzte sie sich auf die Gestalt und schlug mehrmals mit der Eisenschaufel zu. Merkwürdigerweise erfolgte keinerlei Gegenwehr. Zu ihren Füßen lag ein dunkles Bündel. Sie merkte, wie einer ihrer Pantoffeln plötzlich feucht wurde. Neles Herz raste immer noch. In ihrer Angst fiel ihr ein, dass an ihrem Schlüsselbund eine

Mini-Taschenlampe hing. Mit zitternden Händen suchte sie ihren Schlüsselbund in der Jackentasche. Da war er. Das grelle LED-Licht zeigte, wen sie erlegt hatte: den alten Hausmeister! Neben ihm lag eine Packung mit Glühbirnen. Er hatte nur die defekte Beleuchtung reparieren wollen. Und das schleifende Geräusch, dass Nele gehört hatte, war sein schleppender Gang in seinen alten Filzpantoffeln gewesen. Nele schluchzte leise auf. Sie war eine Mörderin! Das konnte doch nicht die Realität sein! Sie arbeite als Heilerzieherin. Nie hätte sie jemanden töten können! Aber der alte Mann war tot. Daran gab es keinen Zweifel. Nele hatte ihm eine üble Kopfwunde zugefügt, aus der nun das Blut auf die Fliesen rann.
Schon wieder Pech gehabt, schoss es Nele durch den Kopf. Dabei hatte sie den Mephisto doch gerade entsorgt! Aber jetzt hatte sie ein *echtes* Entsorgungsproblem. Hoffentlich hatte niemand etwas gehört. Nele schlich leise durch den Hausflur in ihre Wohnung und holte mehrere große Müllsäcke und Klebeband. Sie zog ihre Spülhandschuhe an, um keine Fingerabdrücke zu hinterlassen. Dann zog sie die Leiche vom Flur zum Vorsprung, der in den Keller führte und verpackte dort den armen Hausmeister. Zum Glück war er ein kleiner gebrechlicher Mann, der wenig wog.
Anschließend schlich Nele erneut in ihre Wohnung. Kurz darauf kehrte sie mit Eimer und Putztuch zurück, um die

Blutspuren zu beseitigen. Dann holte Nele den alten Teppich, der in ihrem Abstellraum stand. Im Hausflur wickelte sie keuchend und schwitzend die Leiche in den Teppich, sicherte alles mit dicker Kordel und klebte das obere und untere Ende mit breitem Klebeband zu. Danach zerrte sie den verschnürten Hausmeister zum Müllcontainer und legte ihn davor ab. Zum Glück war es draußen dunkel und leicht nebelig. Nele blickte sich prüfend um. Plötzlich stutzte sie. Die kleine Mülltüte, die vor dem Container auf dem Boden lag, kam ihr bekannt vor. Das war doch die Tüte, in der ihr Mephisto steckte! Er war aus dem Container gefallen! Daher ihr Pech auf dem Rückweg! Das war alles nur geschehen, weil diese teuflische Figur noch nicht richtig entsorgt war! Energisch hob Nele die Tüte auf und steckte sie ganz tief in den Müllcontainer. Sie hörte ein leises Knacken. Irgendetwas in der Tüte war zerbrochen.

Als Nele erschöpft, frierend und schwitzend zugleich in ihrer Wohnung ankam, klingelte das Telefon. Nele zuckte zusammen. Hatte doch jemand etwas bemerkt? War das bereits die Polizei? Zögernd nahm sie den Hörer ab und nannte ihren Namen.
Ihre Freundin Michaela war am Apparat. Sie war gerade zu ihrem Freund gezogen und fragte Nele, ob sie nicht ihren fast neuen Kühlschrank geschenkt haben wollte.

Außerdem wäre auch noch ein schöner Fernseher übrig. Nele nahm das Angebot dankend an.

„Na bitte, geht doch", sagte sie zu sich selbst, nachdem sie den Telefonhörer aufgelegt hatte. Mephistos Macht war gebrochen. Neles Pechsträhne war vorbei! Wobei Pechsträhne ein viel zu schwacher Begriff für dieses teuflische Erlebnis war. "Höllisch krasser Scheiß" traf es besser. Aber solche Worte kamen in Neles Wortschatz eigentlich nicht vor.

Mephisto lag in der Dunkelheit. Nele hatte ihm das Genick gebrochen. Der Kopf mit dem kecken Hütchen und der Feder lag neben dem schlanken Körper. Aber Mephisto konnte warten. Irgendwann würde ein Neugieriger die Tüte öffnen und ihm seinen Kopf wieder ankleben. Er hatte alle Zeit der Welt!

Love on the rocks

Marion schaute auf die Uhr. Schon kurz vor zwölf. Gleich würde sie ihn endlich wiedersehen. Sie bürstete ihre langen braunen Haare, trug schnell noch etwas Lippenstift auf und dann schellte es auch schon. Marion betätigte den Türöffner. Erwartungsvoll lauschte sie den Schritten, die auf der Treppe ertönten. Und dann war er da: in einer blauen Uniform, einen Kasten mit tiefgefrorenen Speisen unter dem Arm. Seine blauen Augen strahlten sie an.

„Hallo, meine Süße“, sagte er. „Hier sind die Sachen, die du bestellt hast.“

Marion nahm ihm die Tiefkühlwaren ab, stopfte sie schnell achtlos in die Kühltruhe und fiel ihm um den Hals. „Thorsten“, murmelte sie.

Er nahm sie in die Arme und küsste sie leidenschaftlich. „Heute habe ich etwas Zeit“, meinte er. „Eine Kundin hat gerade abgesagt.“ Er nahm sie an der Hand und zog sie ins Schlafzimmer. „Komm schnell, meine Süße, du musst mich wärmen.“

Er schob seine noch von den Tiefkühlwaren kalten Hände unter Marions T-Shirt. Sie quiekte und fiel aufs Bett. Thorsten ließ sich neben sie fallen und zeigte ihr, wozu ein unterkühlter Mann in der Lage war. Nach einer halben Stunde löste sich Thorsten allerdings schon wieder von Marion, da er zum nächsten Termin musste. Schnell tranken sie noch einen Kaffee zusammen, bevor sie traurig vom Fenster aus dem Tiefkühlauto hinterherwinkte. Thorsten war der einzige Lichtblick in ihrem langweiligen Leben. „Mein heißkalter Lover", nannte sie ihn scherzhaft, wenn er mit seinen kalten Händen vor ihr stand. Marion wohnte in einem kleinen Apartment in einem der Mietshäuser in der Innenstadt. Sie hatte vor ein paar Monaten ihren Job als Frisörin verloren, weil sie wegen eines Rückenproblems länger krank war. Seitdem war ihr Leben ziemlich eintönig. Sie schrieb Bewerbungen, putzte die Wohnung, ging ab und zu zum Arbeitsamt, traf sich manchmal mit Freundinnen, schaute viele Serien im Fernsehen und träumte davon, dass sich ihr Leben irgendwann in einen Traum verwandeln würde.

Aber das Glück ließ sich Zeit.

Thorsten, der Tiefkühlwarenlieferant, war der momentane Höhepunkt in ihrem Leben. Leider wollte Thorsten im Moment keine feste Beziehung. Sie hatte das Thema einmal während eines ihrer kurzen Treffen zur Sprache gebracht, aber Thorsten hatte direkt abgewiegelt mit dem Hinweis auf eine traumatische Kindheit mit herrischer Mutter und labilem Vater. Er brauche seinen Freiraum und sei noch nicht reif für eine feste Partnerschaft. Aber wenn er so weit sei, dann würde er mit Marion zusammenleben wollen. Immer, wenn Marion gefrustet

war und die halbherzige Beziehung beenden wollte, schwärmte Thorsten ihr vor, wie schön ihr späteres gemeinsames Leben sein würde. Thorsten war einfach süß. Marion liebte seine strahlend blauen Augen mit den langen Wimpern, sein Lachen und seine Zärtlichkeit. Auch wenn es nicht die Art von Beziehung war, von der Marion immer geträumt hatte, war es doch besser als keine Beziehung.
So dümpelte Marions Leben vor sich hin – unterbrochen von kurzen Tiefkühl-Quickies, wenn Thorsten ihr die bestellten Sachen brachte oder eine seiner Auslieferungsfahrten an ihrem Haus vorbeiführte.

Marion hatte keiner ihrer Freundinnen von ihrer Tiefkühl-Beziehung erzählt, weil sie sich schämte, dass sie als einzige keine richtige Beziehung hatte. Wenn ihre Freundinnen sie nach ihrem Liebesleben fragten, dann machte sie nur vage Andeutungen oder sagte, dass sie sich um wichtigere Dinge kümmern müsse.

Der lange Winter war endlich zu Ende. Draußen wurde es wärmer. Marion holte ihr Fahrrad aus dem Keller. Der Winterspeck musste weg! Ab sofort würde sie jeden Tag eine große Runde durch die Stadt fahren. Nachdem sie die Reifen aufgepumpt und das Fahrrad gesäubert hatte, ging es los. Die März-Sonne schien warm auf ihre Hände, die Vögel sangen und Marion genoss ihren Ausflug. Mit roten Wangen kam sie eine Stunde später wieder vor ihrer Haustür an. Das hatte Spaß gemacht. Ab sofort drehte Marion fast jeden Tag eine Runde durch die Innenstadt.

Als sie eines Tages wieder einmal gut gelaunt und schon einige Pfunde leichter durch die Straßen radelte, sah sie Thorstens Tiefkühlauto vor einem Haus. Spontan hielt sie an und versteckte sich hinter dem Lieferwagen. Sie wollte Thorsten einen kleinen Schrecken einjagen. Marion hörte Stimmen und schaute seitlich am Liederwagen vorbei. Da war ihr süßer Thorsten in seiner blauen Uniform. Aber was tat er denn da? Er tätschelte gerade das Hinterteil einer drallen Brünetten, die in einem Hauseingang stand. Marion blieb die Luft weg. Blitzschnell drehte sie sich um und radelte davon. Vor Wut liefen ihr Tränen über das Gesicht. Wie konnte Thorsten sie so hintergehen!

Als sie zu Hause angekommen war, rief sie aufgebracht ihre Freundin Svenja an, die in der Nachbarstraße wohnte. Marion wollte ihr das Herz ausschütten und ihr von Thorsten erzählen, den sie ja bisher immer verschwiegen hatte. Aber bevor sie ihren Kummer loswerden konnte, kündigte ihre Freundin ihr eine Sensation an. Seit ein paar Wochen habe sie einen fabelhaften Liebhaber – nichts Festes, aber da ihr Mann meist auf Montage

sei, sei es eine schöne Abwechslung. Ihre Freundin schwärmte von den phantasievollen Liebesstunden mit einem blauäugigen Thorsten, der ihr die Tiefkühlwaren anliefere und auch noch einen Spezial-Service bot.
Marion legte einfach auf und heulte los! Wie furchtbar! Thorsten hatte sie einfach nur benutzt! Sie war nichts Besonderes für ihn! Sie schämte sich für ihre naive Blödheit! Dieser Tiefkühl-Gigolo brachte eiskalte Waren und heißen Sex. Wahrscheinlich freuten sich in allen Straßen diverse Frauen, wenn sie das Tiefkühlauto vor dem Haus halten sahen. Und wahrscheinlich hatten alle anderen Frauen diesen Service als das genossen, was es war: ein prickelndes Abenteuer. Nur sie blöde Kuh hatte an Liebe geglaubt.
Marion verkroch sich enttäuscht und wütend in ihrer Wohnung. Verheult und rotäugig zappte sie durch das Fernsehprogramm. Überall Liebe und ein schönes Leben – und sie saß hier einsam ohne Perspektive auf ihrem billigen Sofa in einem winzigen Apartment.
Traurig und frustriert hing sie ihren Gedanken nach, als plötzlich die Türklingel ertönte. Es war mittlerweile Abend. Wer konnte das sein? Sie betätigte den Türdrücker und erstarrte, als sie Thorstens Schritte auf der Treppe hörte. Sie konnte seine Schritte unter Tausenden erkennen. Wieso kam er unangemeldet?
Eigentlich wollte sie ihn nicht sehen.

„Überraschung!“, rief Thorsten und gab ihr ein Paket mit einer tiefgefrorenen Truthahnkeule. Er meinte mit einem Augenzwinkern, dass sie heute etwas Leckeres für ihn kochen könne. Er habe extra früher Feierabend gemacht.
„Hey Süße, was ist mit dir?“, fragte er, als er Marion so seltsam unnahbar im Flur stehen sah. „Magst du deinen Thorsten nicht mehr?“
„Du verdammter Lügner, schieb dir deinen Thorsten sonst wohin“, fauchte Marion wutentbrannt. „Du beglückst das ganze Viertel mit deinem Tiefkühl-Charme – und ich blöde Gans dachte, du liebst nur mich! Das war bestimmt lustig für dich!“
„Marion, sieh das doch nicht so eng! So ist das eben, wenn man jeden Tag Frauen in ihren Wohnungen aufsucht. Ich kann überhaupt nichts dafür. Irgendwie erwachen in den Frauen archaische Gelüste, wenn sie mich sehen. Ich bin ein Mann und bringe Essen – so wie früher in der Steinzeit. Und dann wollen die Mädels einfach Sex ...“
Marion hatte während Thorstens Rede an der Truthahnkeule herumgefummelt und sie aus der Verpackung geholt. Bleich und kalt lag die Keule in Marions Hand. Sie war so kalt wie ihr Herz.
Und so kalt wie Thorstens Liebe zu ihr.
„Marion, Süße“, meinte Thorsten gerade, „du bist die einzige, die mir wirklich wichtig ist. Die ganzen frustrierten Zicken ... – das ist einfach nur Sex! Aber bei dir...“

Weiter kam er nicht mehr. Mit einem wütenden Schrei holte Marion aus und knallte Thorsten die gefrorene Keule auf den Kopf. Es gab ein hässliches Geräusch und Thorsten sackte zusammen.

Spät in der Nacht schleppte Marion den mittlerweile abgekühlten und mit mehreren großen Abfallsäcken umwickelten Thorsten zu seinem Lieferwagen und schob ihn in den Tiefkühlraum zu den Waren. Vorher hatte sie ihm noch seinen Autoschlüssel abgenommen. Nun startete sie den Transporter, fuhr vorsichtig durch die Innenstadt und parkte ihn dann in einer kleinen Seitenstraße. Es war die Straße, in der sie Thorsten mit der drallen Brünetten gesehen hatte. Anschließend lief sie zu Fuß zurück zu ihrer Wohnung. Den Autoschlüssel ließ sie stecken. Sollte ruhig jemand das Auto stehlen und mit dem kalten Thorsten eine Rundfahrt machen.

Nassgeschwitzt und erschöpft traf sie nach einer Stunde in ihrer Wohnung ein. Sie musste sich ablenken – aber womit? Im Fernsehen lief wieder mal nichts Gescheites. Dann hatte sie eine Idee. Sie würde kochen. Das entspannte sie immer. Sie packte ein paar Löffel Margarine in den Bräter, holte die Truthahnkeule aus dem Kühlschrank und briet sie scharf an. Später würde die Keule mit Speck umwickelt zusammen mit ein paar Schalotten noch ein bisschen schmoren. Als sie die Schalotten schälte, fiel ihr plötzlich die Geschichte eines norwegischen Schriftstellers ein. Auch dort war ein gefrorenes Lebensmittel das perfekte Mordwerkzeug – eine Lammkeule. Verrückt! Sie hatte quasi einen berühmten literarischen Mord nachgestellt, allerdings mit einer Truthahnkeule.

Am nächsten Abend saß Marion zusammen mit ihrer Freundin Svenja in ihrem Apartment. Marion hatte den Tisch festlich gedeckt und Kerzen angezündet. Die Truthahnkeule lag appetitlich zubereitet zusammen mit Rotkohl und Kartoffelklößen auf einem großen dekorativen Teller.
„Greif zu“, ermunterte Marion ihre Freundin.
Svenja sah ein bisschen unglücklich aus. „Stell dir vor, mein Lover hat mich versetzt. Er hatte mir hoch und heilig versprochen, mich heute Mittag zu besuchen. Ich habe extra einen Friseurtermin abgesagt und gewartet. Aber er ist nicht gekommen.“
„Männer“, meinte Marion lakonisch. Sie packte Svenja ein großes Stück Keule auf den Teller. „Jetzt iss erst mal etwas, liebe Svenja. Der Rest wird sich finden!“

Selbst ist der Mann

Endlich! Endlich hatte ihr Mann etwas gemacht! Hanna pfiff leise vor sich hin und rutschte auf dem feuchten Boden ein Stück weiter. Energiegeladen tauchte sie das Putztuch ins Wasser und blickte sich um. Keine Spur mehr von dem Blut! Der Boden war spiegelblank! Hanna richtete sich schnaufend auf. Jetzt noch ein paar frische Handtücher und ein neues Stück Seife und das Badezimmer wäre perfekt.

Sie liebte schöne saubere Dinge. Ihre Wohnung war blitzblank, die Dekoration liebevoll und mit Geschmack ausgesucht. Sie hasste Chaos und Unordnung. Wenn sie kochte, räumte sie während des Kochens bereits die Küche auf. Dann setzte sie sich an den schön gedeckten Tisch und genoss ihr Essen. Jeden Morgen räumte sie die Wohnung auf, bevor sie zur Arbeit ging. Sie liebte es, abends in ein gemütliches und ordentliches Heim zurückzukehren.

Leider musste sie sich von diesen schönen Gewohnheiten verabschieden, als sie ihren Mann kennenlernte. Er war ein netter, lebensunfähiger Chaot – aber genau das faszinierte sie zu Anfang. Sie war immer korrekt, ordentlich und pflichtbewusst – er war chaotisch, unpünktlich und unzuverlässig – aber eben sehr charmant und liebenswert. Anfangs sah Hanna alles durch die rosa Brille, die die Liebe dem Alltag verleiht, aber als sie mehrere Jahre verheiratet waren und alle Lasten des Alltags nur auf ihren Schultern ruhten, fühlte sie sich irgendwann ausgelaugt und missbraucht. Wenn sie abends nach der Arbeit in die Wohnung kam, lag alles dort, wo ihr Mann es hatte liegen lassen. Socken, Zeitungen, leere Flaschen, Essensreste – ein Stillleben, das sicher auch an ihrem Magengeschwür schuld war, das sie seit zwei Jahren plagte. Wutentbrannt stürzte sie sich immer wieder auf das Chaos. Meist war nach einer Stunde das Gröbste beseitigt und sie hatte Zeit, kurz zu verschnaufen. Doch nicht lange, denn dann fragte ihr Mann nach dem Abendessen. Er arbeitete als freier Journalist und schrieb ab und zu Artikel für verschiedene Tageszeitungen, die mehr schlecht als recht honoriert wurden. Seit Jahren arbeitete er außerdem an einem Roman, den er in seinem Arbeitszimmer versteckte. Hanna hatte noch nicht eine Zeile zu lesen bekommen. Immer wieder sprach er vom großen Durchbruch. Meist dann, wenn Hanna diverse Rechnungen auf dem Tisch aufstapelte und ihn aufforderte, endlich einer geregelten Arbeit nachzugehen. Immer seltener gelang es ihrem Mann, sie aufzumuntern. Seine Clownereien und charmanten Worte prallten an ihr ab. Sie fühlte sich einfach nicht mehr wohl. Ihr geordnetes Leben war aus den Fugen geraten. Jetzt lebte sie im

Chaos. Sie stand permanent unter Stress: Arbeit, Zuhause – überall rödelte sie, um alles in den Griff zu bekommen. Immer öfter war sie schlecht gelaunt und genervt. Auf Sex hatte sie schon lange keine Lust mehr. Sie war froh, wenn sie abends einfach ins Bett fallen und schlafen konnte.

Sie hatte mehrfach versucht, mit ihrem Mann zu sprechen und ihm ihre Gefühle zu schildern. Aber er schien sie nicht zu verstehen. Er lachte nur und meinte, sie solle doch einfach das Leben genießen – egal, ob sich Bügelwäsche und Geschirr stapeln würden. Aber gerade das gelang ihr nicht. Sie konnte nichts genießen, wenn sie wusste, dass fettige Teller und verkrustete Töpfe in der Küche standen, die Bügelwäsche im Keller wartete und mehrere Rechnungen nicht bezahlt waren. Was für ihren Mann Kleinigkeiten waren, empfand sie immer stärker als Belastung.

Wenn sie abends nach der Arbeit bepackt mit Lebensmitteltüten nach Hause kam, um nahtlos vom Bürojob in den Hausfrauenalltag zu springen, empfingen sie direkt alle Spuren, die ihr Mann im Laufe des Tages im Haus hinterlassen hatte. Die überquellende Mülltüte, leere Milchtüten, geöffnete Fischdosen, Reste vom Mittagessen, Socken und leere Plastikgetränkeflaschen auf dem Fußboden begrüßten sie immer öfter bei ihrer Rückkehr. Ihr Mann war meist nicht da – er diskutierte in Lokalen mit

Schriftstellerkollegen über den tieferen Sinn des Lebens. Aber am allerschlimmsten von allen Hinterlassenschaften ihres Gatten fand sie abgeschnittene Zehennägel, die im Spülstein oder auf dem Badezimmerboden lagen. Wenn die sich erst einmal im Putztuch verfangen hatten, waren sie nur sehr schwer wieder daraus zu entfernen. Wie oft hatte sie ihren Mann gebeten, sich die Fußnägel über dem Toilettenbecken zu schneiden, aber er hatte es nie beachtet. Außerdem war er ein überzeugter Stehpinkler. Mit Gummihandschuhen bewaffnet beseitigte Hanna seit Jahren die Spuren seiner Demonstration des Mannseins.

Irgendwann hatten beide ihre guten Umgangsformen vergessen. Mittlerweile brüllten sie sich meist an, wenn es um Probleme ging. Ruhige Gespräche waren nicht mehr möglich. Hanna schrie immer öfter ihren Frust heraus und forderte von ihrem Mann mehr Unterstützung. Der jedoch zog sich immer mehr zurück. Manchmal, wenn ihm einfach keine Ausrede mehr einfiel, dann räumte er die Spülmaschine ein oder brachte den Müll raus. Aber das kam sehr selten vor – und immer musste Hanna ihn mehrmals dazu auffordern.

Als Hanna eines Abends erschöpft von der Arbeit kam, über Flaschen, Unterwäsche und Bücher stolperte und ihren Mann gemütlich in der Badewanne liegend vorfand, platzte ihr mal wieder der Kragen. Wütend brüllte sie ihn an, wann er denn endlich damit anfangen würde, seine Sachen wegzuräumen und sie zu unterstützen. Er trank einen Schluck aus seinem Weinglas, grinste sie mitleidig an und meinte, sie solle sich doch einfach entspannen und zu ihm in die Wanne kommen. Wutentbrannt rannte Hanna aus dem Badezimmer und knallte die Tür zu. Heulend räumte sie das Chaos auf. Ihr Mann tappte zwischendurch nackt und triefend durch die Küche zum Kühlschrank, um sich noch eine Flasche Wein zu holen. Dann verschwand er wieder im Badezimmer. Hanna kochte vor Wut. Wie konnte er sich einfach auf ihre Kosten ein so schönes, lockeres Leben machen? Wieso sah er nicht, wie ungerecht alle Aufgaben verteilt waren?

Hanna stand am Küchenfenster und grübelte, als sie plötzlich im Bad ein lautes Poltern hörte. Es knallte und schepperte. Dann war alles still.

Hanna lief zur Badezimmertür und wollte sie öffnen, aber es ging nicht. Etwas Schweres lag von innen vor der Tür. Sie stemmte sich fluchend gegen die Tür. Ihr betrunkener Mann lag sicher vor der Wanne. Jetzt musste sie ihn wieder hochwuchten und ins Bett schleppen – wie so oft. Langsam öffnete sich die Tür. Es knirschte. Einige Scherben der zersprungenen Weinflasche klemmten unter der Tür. Die restlichen Scherben lagen neben ihrem Mann, der – wie erwartet - auf den Fliesen lag. Aber hier stimmte etwas nicht! Eine große Blutlache hatte sich dort gebildet, wo sein Kopf lag. Hanna sog erschrocken die Luft ein! Sie hockte sich neben ihn und tastete nach seinem Puls. Nichts! Erst dann bemerkte sie, dass seine Augen reglos ins Leere blickten. Er war tot!

Hanna sprang auf! Das war einfach unglaublich! Er war betrunken auf dem nassen Fliesenboden ausgerutscht und mit dem Kopf gegen die Heizung geknallt. Aus und vorbei! Von jetzt auf gleich!

Jetzt hatte er es doch tatsächlich geschafft, ein großes Problem zu lösen. Ganz allein! Er hatte Hannas größtes Problem mit einem Schlag gelöst ... Sie horchte in sich hinein. Würde sie schreiend zusammenbrechen? Wohl eher nicht. In ihr war alles ruhig. Sie atmete einmal ganz tief ein und aus und ging dann zum Telefon, um anzurufen. Aber wen? Wen ruft man in so einem Fall an? Den Arzt? Die Polizei? Sie entschied sich für die Feuerwehr.

Einen Tag später war bereits alles erledigt. Der Totenschein war ausgestellt und das Bestattungsinstitut hatte den Auftrag erhalten, sich um alles Weitere zu kümmern. Entspannt und ruhig putzte Hanna das Bad.

Als sich ein abgeschnittener Fußnagel in ihrem Putztuch verfing, schnippte sie ihn lächelnd weg und summte dabei entspannt die Melodie des alten Songs „Bye, bye, Baby, Baby, good bye ...“

Paradiesgarten

Maja wollte gerade auf der Terrasse genüsslich in ihr Frühstücksbrötchen beißen, als ihr Blick auf die fast nicht mehr vorhandenen Sträucher fiel. Fassungslos starrte sie durch die Lücke direkt auf die Straße. Wo waren die Äste ihrer beiden hohen Sträucher, die sie vor den Blicken der Nachbarn schützten? Sie saß hier wie auf einem Präsentierteller. Maja schoss von ihrem Stuhl und rannte zum Zaun. Tatsächlich! Es waren nur noch knapp sechzig Zentimeter der schönen Sträucher vorhanden. Mindestens ein Meter war einfach abgeschnitten worden. Dabei standen die Sträucher auf *ihrem* Grundstück. Die Nachbarn hatten sie einfach abrasiert. Wahrscheinlich, weil sie ihre Gartenblumen verschatteten. Maja kochte vor Wut. So eine Unverschämtheit!

Sie hatte keine Lust mehr auf das Frühstück. Wutentbrannt fuhr sie in den Baumarkt, um einen Sichtschutz zu kaufen. Nachdem sie diesen provisorisch am Gartenzaun befestigt hatte, entspannte sie sich langsam. Sie atmete durch. Jetzt war es Zeit für einen guten Kaffee.

Sie liebte ihr Haus und besonders den schönen, leicht verwilderten Garten. Sie mochte es, von Grün umschlossen zu sein. Gern beobachtete sie die Vögel und Insekten, die sich hier tummelten. Sie hatte Rosen, Lavendel, Kat-

zenminze, Frauenmantel und Schmetterlingsflieder gepflanzt. Im Sommer fanden hier viele Bienen und Schmetterlinge Nahrung. Maja saß dann zufrieden im Garten und hörte dem Summen und Brummen zu.
Meist hörte sie allerdings das Summen und Brummen von diversen elektrischen Gartengeräten, die von den Nachbarn mit Inbrunst benutzt wurden. Häcksler, Heckenschere, Rasenmäher, Laubbläser – alles elektrisch und mit viel Krach verbunden. Was war gegen einen schönen Besen einzuwenden? Fast geräuschlos konnte man damit die Blätter vom Weg kehren und man tat zusätzlich noch etwas für seine Fitness. Oder gegen einen Rechen, mit dem schnell alle Blätter vom Rasen entfernt waren? Aber so etwas benutzten ihre Nachbarn nicht. Und wenn es ausnahmsweise einmal ruhig war, dann zogen dunkle Grillschwaden in Majas Richtung.
Majas Nachbarn waren ein Ehepaar jenseits der Siebzig- laut und auffällig. Sie hatte ihre raspelkurzen grauen Haare violett gefärbt. Er trug meist große Baseballkappen. Beide waren im Sommer dunkelbraun, da sie sich fast nur im Garten aufhielten. Sie berieten Gott in wichtigen Fragen – das nahm man zumindest an, wenn man sie reden hörte. Nur sie allein hatten das richtige Konzept, um riesige rote Tomaten zu ernten. Ihre Rosen waren die schönsten. Nur sie wussten, wie eine Hecke richtig geschnitten wird. Und dann diese Pflanzorgien. Egal,

ob Frühling, Sommer oder Herbst: Es wurden tonnenweise blühende Pflanzen angekarrt, die kurz eingesetzt wurden, um dann wieder herausgerissen zu werden, damit neue Pflanzen der Saison entsprechend eingepflanzt werden konnten, um dann nach ein paar Wochen auch wieder herausgerissen zu werden.
Das Lieblingsthema der beiden waren ihre Regentonnen. Überdimensional und riesig! Voller Stolz erzählten sie jedem, der es hören wollte oder auch nicht, dass sie vier große leere Fässer aus einer Chemiefabrik kostengünstig erworben hatten, die die dreifache Menge einer normalen Regentonne fassen konnten. Diese Fässer hatten sie rings um ihr Haus in die Erde eingegraben, so dass sie vor Frost geschützt waren. Mittels einer Pumpe wurde das Wasser in den Gartenschlauch befördert. Die Pumpe knötterte und röchelte vor sich hin, wenn morgens und abends die vielen Blumen gegossen wurden – eine weitere Impression der nachbarlichen Kakophonie.

Maja liebte ihre Terrasse. Sie hatte einen stressigen Job als Leiterin eines Pflegeheimes. Wenn sie abends nach Hause kam, freute sie sich auf eine Tasse Kaffee oder ein Glas Rotwein in der Stille ihres Gartens. Doch genau dann mähten die Nachbarn den Rasen oder schnitten die Hecke mit der elektrischen Heckenschere. Oder Maja musste mit anhören, wie der Nachbar von der Nachbarin

herumkommandiert wurde, damit er entweder etwas abschnitt oder etwas pflanzte. Abschneiden war die Lieblingsbeschäftigung der beiden. Schneiden und Stutzen – bloß nichts wachsen lassen! Alles wurde abgesäbelt. Damit es im Herbst nicht so viel Arbeit mit den Blättern gab. Und damit all die Pflänzchen, die sowieso kurz darauf wieder herausgerissen wurden, genug Licht hatten.
Maja war ein friedliebender Mensch. Sie hatte jahrelang geschwiegen, um einen Nachbarschaftsstreit zu vermeiden. Sie wollte einfach nur in Ruhe leben.
Aber nun hatten die Nachbarn es übertrieben. Sie hatten die Sträucher gekürzt, die auf Majas Grund und Boden standen. Sie hatten in Majas Intimsphäre eingegriffen! Nichts hasste Maja mehr, als beim Entspannen auf der Terrasse beobachtet zu werden. Sie hatte zwar nun den Sichtschutz aus dem Baumarkt, aber der war bei weitem nicht so schön wie ihre rosa blühenden Sträucher. Bis die wieder in dieser Höhe nachgewachsen waren, würden mindestens drei Jahre ins Land gehen. Maja beschloss, den Nachbarn einen spontanen Besuch abzustatten. Es war Zeit, einige Dinge klarzustellen. Als sie am Gartentor der Nachbarn ankam, sah sie die Nachbarin in teigiger Trägheit durch den Garten watscheln. Ihr dünner Gatte wieselte dienstbeflissen um sie herum. Beide waren sichtlich erfreut über Majas Besuch. Maja ahnte auch, warum. Nun konnten sie ihr wieder einmal erzählen, dass

sie die schönsten Tomaten und die größten Regentonnen hatten und überhaupt ...
Beide wollten gerade grillen und luden Maja zum Essen ein. Das passte Maja zwar nicht, aber sie so gewann sie Zeit, um ihre Beschwerden zu durchdenken und dann gut formuliert vorzubringen.
Die Nachbarin ging ins Haus, um einige Grillzutaten zu holen. Ihr Mann erzählte, dass es heute eine köstliche Überraschung geben würde. Traditionell zubereitet. Nicht solche Pseudogrillspezialitäten, wie die anderen Nachbarn sie servierten. Und natürlich gäbe es dazu auch ihre wunderbaren großen Tomaten.
Maja rollte mit den Augen. Der Nachbar hantierte, während er erzählte, mit allen möglichen Dingen herum, die Maja nicht sehen konnte, da er ihr den Rücken zuwandte. Er fuhr fort zu berichten, dass sie durch das Sammeln des Regenwassers in ihren großen Tonnen jede Menge Geld sparen würden und alle Gartenpflanzen mehrmals am Tag gießen könnten. Er erzählte und erzählte und bereitete dabei seine geheimnisvolle Grillspezialität zu. Als er sich während seines nicht enden wollenden Monologs spontan zu Maja umdrehen wollte, verfing sich sein Fuß plötzlich im Kabel der noch nicht weggeräumten Heckenschere. Er strauchelte, stolperte und kippte nach vorn. Der Nachbar gab ein komisches Geräusch von sich, als er auf dem Boden landete. Seine Beine zappelten noch ein

wenig. Dann lag er ganz still. Maja, die erschrocken aufgesprungen war, war starr vor Entsetzen. Wie hypnotisiert starrte sie auf das Blut, das nun langsam über die Terrassenfließen floss. Was war los? Maja sprang auf und lief zu dem plötzlich ganz schweigsamen Nachbarn, der auf dem Bauch lag. Sie rüttelte an seiner Schulter. Nichts! Sie drehte ihn auf den Rücken. Und jetzt wusste sie, warum er nichts mehr sagte. In seiner Brust steckte ein stabiler Grillspieß! Jetzt fiel es Maja wieder ein. Es sollte Kosakenspieße geben. Davon hatten die Nachbarn schon vor Wochen geredet.
Ein schriller Schrei ließ Maja zusammenfahren. Die Nachbarin war aus dem Haus gekommen und kreischte etwas von „Mörderin", „Verbrecherin" und „Schlampe". Sie schlug ihr immer wieder mit einer Gurke auf den Kopf. Anscheinend wollte sie Gurkensalat machen.
Maja schrie, dass sie nichts gemacht habe und dass sie selber schuld seien, dass der Nachbar tot sei, weil sie das Kabel nicht aus der Steckdose gezogen hätten und er nun in diese Stolperfalle geraten sei, aber die Nachbarin kreischte weiter wie verrückt und prügelte mit der Gurke auf Maja herum. Bald war die Gurke in einzelne Stücke zerbrochen. Die Nachbarin schlug nun mit ihren bloßen Fäusten auf Maja ein. Der reichte es jetzt! Sie holte aus und landete einen Schwinger auf dem Kinn der Nachbarin, die die Augen verdrehte und nach hinten fiel. Endlich

war Ruhe. Maja rieb sich die schmerzende Hand. Doch bald darauf kam die Nachbarin wieder zu sich und geiferte weiter. Sie kam zwar nicht auf die Beine, weil die einfach zu schwach für ihr Gewicht waren, aber sie hockte auf dem Boden und spuckte Gift und Galle. Maja versuchte nochmals zu erklären, dass sie unschuldig sei und mit der Sache nichts zu tun habe, aber die Nachbarin kreischte in einem fort. Ohne weiter nachzudenken, griff sich Maja die Gießkanne, die zu ihren Füßen stand und leerte sie über der Nachbarin aus. Jetzt war hoffentlich Ruhe. Leider hatte immer noch niemand den Stecker der am Boden liegenden Heckenschere aus der Steckdose gezogen. Die ganze Terrasse stand nun unter Wasser und somit auch unter Strom. Maja, die Badeschlappen aus Kunststoff trug, merkte davon nichts. Aber die Nachbarin, die nun vor Wasser triefend auf dem Boden saß, bekam die volle Ladung. Sie zappelte merkwürdig, rollte mit den Augen und fiel nach hinten. Maja wusste zuerst nicht, was passiert war. Aber dann roch es leicht verbrannt. Majas Fluchtinstinkt meldete sich. Bloß weg hier! Maja rannte zum Gartentor. Doch dann stoppte sie. Nachbar und Nachbarin waren durch einen tragischen Unfall hinweggerafft worden – aber das würde ihr niemand glauben. Dummerweise war sie von dem jungen Pärchen von Gegenüber gesehen worden, als sie den Garten der Nachbarn betrat. Die beiden hatten noch freundlich gegrüßt. Das bedeutete, dass sie die Hauptverdächtige war, sobald die Polizei die Ermittlungen aufnahm.

Maja musste die beiden Leichen verschwinden lassen. Mit zitternden Knien ging sie zurück zur Terrasse. Ob die wohl noch unter Strom stand? Oder waren die Sicherungen mittlerweile rausgeflogen? Maja verstand nicht viel von technischen Dingen. Da die Haustür nicht verschlossen war, ging sie ins Haus. Im Flur fand sie auf Anhieb den Sicherungskasten. Er war steinalt und die Porzellansicherungen waren teilweise mit Alufolie geflickt. Sicherheitshalber schraubte sie alle Sicherungen raus. Dann ging sie zurück zur Terrasse. Was für ein schrecklicher Anblick! Die Nachbarn waren zwar echte Nervensägen gewesen, aber dieses Ende hatten sie nicht verdient.

Aber Maja hatte es auch nicht verdient, unschuldig im Gefängnis zu sitzen. Sie zog die beiden Leichen ächzend hinter das Haus und räumte die Terrasse auf. Zu allererst zog sie das Kabel der Heckenschere aus der Steckdose. Als die Terrasse sauber und ordentlich war, setzte sie sich schnaufend in den Schatten. Zum Glück eröffnete heute ein neues Gartencenter seine Tore und die meisten Nachbarn waren dort. Es war ruhig auf der Straße. Ein träger Samstagnachmittag, an dem sie jetzt eigentlich gegrillten Kosakenspieß gegessen hätte. Nun gab es Nachbar am Spieß und gegrillte Nachbarin. Makaber!

Maja überlegte konzentriert, was sie mit den beiden Leichen machen sollte. Als ihr Blick auf die Tomatensträucher fiel, an denen große leuchtendrote Früchte hingen, wusste Maja plötzlich, wo sie die Nachbarn verstecken wollte. Sie waren ihr so oft mit ihren Lobeshymnen auf die großen Wasserfässer auf die Nerven gegangen, dass genau diese Wasserfässer die perfekte Ruhestätte wären.
Maja breitete eine grüne Gartenplane über den Nachbarn aus und wartete im Haus, bis es dunkel wurde. Sie drehte alle Sicherungen wieder ein und schaute sich im Haus um. Bei dieser Gelegenheit sah sie, dass die beiden ihr Haus gegen Einbrecher gerüstet hatten. Im Wohnzimmer stand so ein Teil, dass das blaue Licht des Fernsehers imitierte. Es hing praktischerweise an einer Zeitschaltuhr. Auch die Rollläden waren mit Zeitschaltuhren gekoppelt. Wie praktisch. Diesen Umstand würde sich Maja nachher zunutze machen. Aber nicht zu früh. Nichts wäre peinlicher, als wenn die Rollläden sich schließen würden, bevor Maja ihr gesamtes Werk vollendet hätte.
Als es dunkel war, schlich Maja in den Garten. Sie öffnete unter großer Kraftanstrengung den stramm sitzenden Deckel der ersten Regentonne. Meine Güte, die war aber wirklich groß! Zum Glück war nicht viel Wasser darin. Das war gut. Dann würde die Tonne nach der Einlagerung der

beiden Leichen nicht überlaufen. Denn Wasserlachen an nur *einer* der Tonnen wären verräterisch.
Maja zerrte den Nachbarn über die Wiese. Der Spieß steckte immer noch in seiner Brust. Maja konnte sich einfach nicht überwinden, ihn herauszuziehen. Maja schob, drückte und zerrte, bis der schmächtige Körper in die Regentonne fiel. Schwitzend machte sie eine Pause. Ihr wurde schlecht, wenn sie daran dachte, dass sie nun die Nachbarin, die bestimmt 100 Kilo wog, über die Wiese schleifen musste. Aber es half nichts. Auch die Nachbarin musste in die Regentonne. Maja raffte sich erneut auf. Sie packte die Nachbarin, die nun schon etwas kühler war, an den Händen und begann zu ziehen. Mein Gott, was für ein Gewicht! Maja zerrte und zog mit Leibeskräften. Sie schaffte nur ein paar Zentimeter, dann musste sie erneut Pause machen. Das würde noch ewig dauern. Aber es half nichts. Energisch zog Maja weiter. Als sie noch circa zwei Meter von der Tonne entfernt war, passierte es: Maja durchfuhr ein schrecklicher Schmerz! Ihr Rücken! Sie schrie laut auf und stürzte mit ihrem Körper auf die Nachbarin. Da lag sie nun. Auf einer kalten Leiche! Sie konnte sich nicht mehr rühren. Jede kleinste Bewegung jagte furchtbare Schmerzwellen durch ihren Körper. Das musste ein Bandscheibenvorfall sein! Sie lag mit ihrem Gesicht direkt an den Füßen der Nachbarin, die in Gesundheitssandaletten steckten. Maja blickte auf

bräunliche Fußnägel und borstige Beinhaare. Sie musste würgen, aber auch das quittierte ihr Körper sofort mit höllischen Schmerzen.

„Scheiße, Scheiße, Scheiße“, heulte Maja leise. Sie war in einer furchtbaren Lage. Sie war verloren! Warum hatte sie die Nachbarin nicht einfach auf die große grüne Gartenplane gelegt und sie dann leicht und entspannt über den Rasen zur Regentonne gezogen? Dann hätte sie schon längst den Deckel auf die Tonne machen können und säße nun zu Hause bei einem leckeren Abendessen. Sie hatte sich einen perfekten Plan ausgedacht. Sie wäre nach der Tonnen-Aktion ins Haus der Nachbarn gegangen, hätte dieses Fernseh-Imitationsgerät angeschaltet, die Rolllädenmechanik entsprechend programmiert und hätte in den nächsten Tagen allen in der Nachbarschaft erzählt, dass die beiden spontan für ein paar Wochen verreist seien. Dann wäre sie erst einmal aus dem Schneider gewesen und hätte sich in Ruhe etwas Glaubhaftes ausdenken können, falls die Polizei Fragen an sie gehabt hätte. Majas Gedanken wurden durch ein leises Gluckern in der Regentonne unterbrochen.

„Lieber Gott“, flehte Maja leise „bitte lass‘ jetzt nicht den Nachbarn aus der Tonne herauskriechen – mit toten Augen und dem Spieß in der Brust …“

Das geschah zum Glück auch nicht. Wobei das Wort *„Glück“* in Majas momentaner Lage eher unangebracht war.
Der Vollmond ging auf und beleuchtete die gespenstische Szene. Maja lag hilflos, frierend und fast besinnungslos vor Schmerzen auf der eiskalten Nachbarin. Eine ganz neue Auslegung des Begriffes “Enges Nachbarschaftsverhältnis“, dachte Maja. Dann wurde sie ohnmächtig.

Streuselkuchen

Sabine wurde übel. Dabei hatte sie doch nur ein Stück Streuselkuchen gegessen und eine Tasse Kaffee getrunken. Ihr Puls raste. „Verdammt, vielleicht habe ich K.O.-Tropfen bekommen!", dachte sie voller Panik. Sie hatte keine Ahnung, wie und wie schnell diese Tropfen wirkten – aber gelesen hatte sie schon davon.

Von verzweifelten Frauen, die sich an nichts mehr erinnern konnten und vergewaltigt irgendwo in einer dunklen Ecke wieder zu sich kamen oder erst im Krankenhaus aufwachten – *wenn* sie aufwachten. Manche erstickten auch an ihrem Erbrochenen.

Dabei war sie nur wie jeden Monat auf den Friedhof gekommen, um das Grab ihrer Eltern zu pflegen. Sie hatte zwei Begonien eingepflanzt und wollte sich gerade erheben, um mit der Gießkanne Wasser zu holen, als sie eine Stimme hörte.

„Nicht erschrecken, junge Frau!"

Sabine zuckte zusammen. Hinter ihr stand ein älterer Mann in grüner Gärtnerkluft.

„Ich bin der Friedhofsaufseher, Kurt Henrich. Ich will Sie nicht stören, aber in ein paar Minuten kommt hier der Trauerzug vorbei. Vielleicht wollen Sie doch lieber vorher gehen. Sie können natürlich auch hierbleiben – ganz, wie Sie wollen. Ich wollte es Ihnen nur sagen."

„Danke für den Hinweis“, entgegnete Sabine. „Dann gehe ich jetzt lieber schnell. Ich bin sowieso fertig.“
Sie wischte ihre Hände an ihrer Jeans ab und erhob sich.
„Ich kenne Sie“, meinte der Friedhofsaufseher. „Sie sind öfter hier. Sie sind mir aufgefallen – eine so nette junge Frau. Die meisten Damen, die hierherkommen, sind gewöhnlich älter.“ Sabine nahm die Aussage zur Kenntnis und lächelte unsicher. „Ach ja?“, meinte sie und wollte zum Ausgang gehen.
„Sagen Sie mal, hätten Sie nicht Lust auf ein Stück Kuchen und eine Tasse Kaffee? Ich habe drüben in meinem Büro Streuselkuchen, von einer alten Dame frisch gebacken, und dazu könnte ich uns eine Tasse Kaffee aufschütten. Ich habe gleich Mittagspause – und würde mich über Gesellschaft freuen. Seit mein Kollege entlassen wurde, bin ich hier den ganzen Tag über allein.“
Sabine hatte tatsächlich Hunger. Seit dem Frühstück hatte sie nichts mehr gegessen. Ihr Magen knurrte. Der Friedhofsaufseher sah ganz harmlos aus. Ein normaler Mann, etwas rundlich, schüttere Haare – ein freundliches Gesicht.
„Ach, warum nicht“, entgegnete Sabine. „Aber nur eine halbe Stunde, dann muss ich weiter.“
„Kein Problem, ich freue mich. Folgen Sie mir bitte.“
Sabine ging hinter dem Mann her an der Kapelle vorbei, in der sich die eben erwähnten Trauergäste der großen

Beerdigung aufhielten. Man hörte die Orgel und den Gesang der Trauergemeinde. Der Friedhofsaufseher ging durch einen Nebeneingang in das Gebäude, das sich direkt an die Kapelle anschloss. Er legte einen Finger vor den Mund. „Wir müssen leise sein, damit wir die Feierlichkeiten nicht stören. Das Gebäude ist hellhörig!"

Sabine nickte. Sie gingen durch einen schmalen Flur und bogen dann rechts ab. Der Friedhofsaufseher öffnete eine Tür und sie betraten einen kleinen gefliesten Raum, in dem sich eine kleine Küche, ein Tisch und zwei Stühle befanden. Dahinter war noch ein Raum. Sabine konnte durch die Tür einen kleinen Teil des anderen Raums sehen: einen Spind und ein kleines vergittertes Fenster. Den Rest des Raumes konnte sie nicht sehen.

„Nehmen Sie Platz, junge Frau", meinte der Friedhofsaufseher. „Ich mach' uns jetzt einen Kaffee." Er hantierte mit Kaffeefilter und heißem Wasser herum. „Nehmen Sie ruhig schon ein Stück Kuchen. Der ist ganz frisch. Hab' ich eben geschenkt bekommen. Ich bekomme hier oft Kuchen von älteren Damen. Der schmeckt immer sehr gut."

Sabine betrachtete den Streuselkuchen auf dem Tisch. Er sah wirklich lecker aus und duftete, wie nur ganz frischer Kuchen duftet. Sabine entspannte sich langsam. Sie nahm sich eines der bereits vorgeschnittenen Kuchenstücke und probierte es. „Mmm, der ist wirklich gut", sagte sie.

„Der Kaffee ist auch gleich fertig", meinte der Mann. „Was machen Sie denn so?", fragte er und schob gleich die Frage hinterher „Haben Sie Familie?"
Sabine verkrampfte sich wieder. Also doch Anmache und nicht nur harmloses Kaffeetrinken. „Klar habe ich Familie. Meine Schwester, meinen Schwager, meine Neffen und Nichten – und natürlich meinen Mann.", sagte Sabine mit energischer Stimme. Direkt alles klarstellen, dachte sie. Bloß keine Missverständnisse.
„Ich habe niemanden", meinte der Friedhofsgärtner. „Man gewöhnt sich daran." Er stellte einen Becher Kaffee vor Sabine auf den Tisch. „Hier, trinken Sie erst mal einen Schluck. Ich geh' mal kurz raus. Die Messe ist zu Ende und der Trauerzug ist auf dem Weg zum Grab. Der Bestatter wartet auf seine Dekoration, die noch in der Kapelle liegt. Die gebe ich ihm eben und dann komm ich wieder." Mit diesen Worten verschwand der Mann.
Sabine atmete auf. Puuhh, jetzt schnell den Kaffee trinken und den Kuchen verdrücken, und dann nichts wie weg.
Sabine trank den starken heißen Kaffee. Plötzlich wurde ihr übel. Was war das? Ihr Puls raste. So etwas kannte sie nicht. Sie war eine echte Kaffeetante. Kaffee wirkte immer positiv auf ihren Organismus. Und dann dachte sie an die Zeitungsmeldungen mit den K.O.-Tropfen. Sie wusste zwar nicht genau, wie diese Tropfen wirkten,

aber eines wusste sie: Wenn man sie genommen hatte, war man verloren.
Verdammt, warum war sie auch so ein Leckermaul? Gleich würde dieser Friedhofsaufseher über sie herfallen und sie hätte keine Chance. Völlig wehrlos müsste sie alles über sich ergehen lassen. Sabine wurde schwindelig. Sie erhob sich und ging zur Tür. Sie ließ sich nicht öffnen. „Mist“, fluchte Sabine. Sie ließ sich wieder auf den Stuhl fallen. Ihr Herz klopfte. Sie war aber auch eine Idiotin! Einfach einem Wildfremden zu folgen, nur weil er Kuchen hatte. Sie war ja dümmer als ein kleines Kind, das mit Schokolade geködert wurde. Dabei war sie sonst immer so clever und cool. Jetzt würde es ihr übel ergehen. Wer weiß, wie pervers der Typ war? Vielleicht würde er sie in ein Mausoleum schleppen – in eine kalte Gruft, in der niemand ihre Schreie hören würde. Dann würde er stundenlang die abartigsten Sachen mit ihr machen. Der war bestimmt richtig pervers. Und hinterher würde er sie irgendwo liegenlassen – wenn sie Glück hatte.
Wenn sie Pech hatte, dann würde er sie zu einer anderen Leiche in den Sarg legen – oder sie vielleicht sogar einäschern. Sabine war kurz davor, ohnmächtig zu werden. Sie krallte sich an ihrem Stuhl fest und keuchte.
Plötzlich hörte sie ein lautes Knarzen und die Tür ging auf. „Mann, diese alte Tür klemmt aber auch wieder“, sagte der Friedhofswärter. „Manchmal muss ich mich richtig

dagegen werfen, damit sie sich wieder öffnet. Und? War der Kaffee lecker? Ich habe ihn schön stark gemacht. So mag ich ihn am liebsten. Nehmen Sie doch noch ein Stück Kuchen.“ Er setzte sich auf seinen Stuhl und blickte sie an. „Meine Güte, Sie sind ja kalkweiß! Geht es Ihnen nicht gut? Brauchen Sie vielleicht einen Schnaps? Hab‘ ich alles hier. Ich bin gut ausgerüstet.“ Er grinste.
Sabine starrte ihn an. Dann fasste sie sich langsam. Sie atmete tief ein. „Nein, danke. Es geht schon wieder. Jetzt muss ich aber wirklich los. Vielen Dank für den Kaffee. Ich glaub‘, der war ein bisschen stark!“ Sabine schoss von ihrem Stuhl hoch, riss die Tür auf, die diesmal nicht klemmte und rannte den dunklen Gang entlang Richtung Ausgang.

Den Sarg, der geöffnet mitten im Weg stand, sah sie nicht. Als sie über ihn stolperte und am Boden lag, wusste sie, dass es noch nicht vorbei war.

Die Gestalt eines hageren Mannes in einem schwarzen Anzug löste sich aus dem Schatten des dunklen Flures. „Keine Angst“, flüsterte er heiser. „Es wird dir gefallen. Kurt und ich jagen schon lange zusammen. Er ködert die Beute und ich fange sie. Und dann teilen wir gerecht.“
Sabine schrie. Sie schrie nicht nur, sie kreischte. Dunkelheit, überall Dunkelheit. Plötzlich gleißend helles Licht.

„Meine Güte, Sabine“, hörte sie eine Stimme, „ich muss morgen früh raus. Mach doch nicht so ein Theater. Was ist denn los?“

Sabine erkannte die nörgelige Stimme ihres Mannes. Nie hatte sie diese Stimme mehr geliebt als in diesem Moment. Sie kuschelte sich an den warmen Männerkörper, atmete ein paar Mal tief ein und aus und murmelte dann: „Mach‘ das Licht wieder aus, Schatz – und morgen kommst du mit zum Friedhof, wenn ich das Grab meiner Eltern pflege. Übrigens, den Rest von dem Streuselkuchen, den du von deinen Kollegen hast, frieren wir ein. Ich glaub‘, daran habe ich mich heute überfressen.“

O du fröhliche

Da war es wieder! Laut und deutlich! Hilde hielt im Teigkneten inne. Die Töne fuhren ihr durch Mark und Bein. Im ersten Stock übte Herr Brückner Weihnachtslieder auf seiner Trompete. Alle Jahre wieder wurden die Bewohner des Hauses in der Bruchstraße in Essen dieser Tortur ausgesetzt.
Aber da Herr Brückner der Besitzer des Hauses war, mussten die Mieter diese Folter erdulden. Das Haus war in tadellosem Zustand, die Mieten waren erschwinglich und die Wohnungen waren schön geschnitten und hatten große Balkone. Deswegen wollte trotz dieser adventlichen Lärmbelästigung niemand ausziehen. Gute preiswerte Wohnungen waren in Essen nicht oft zu finden.
Jedes Jahr ab Anfang November ging es los. Zu den unterschiedlichsten Uhrzeiten trötete Herr Brückner auf seiner Trompete. Leider war er nicht der Talentierteste. Die Töne waren meist schräg und abgehackt. Wie oft hatte sich Hilde schon vorgestellt, Herrn Brückner diese verfluchte Tröte einfach in den Hals zu schieben. Wenn sich die Mieter im Hausflur begegneten, klagten sie sich gegenseitig ihr Leid. Hilde hatte mehr als einmal zu den Nachbarn gesagt, dass sie sich wünsche, dass Herr Brückner mitsamt Trompete die Treppe runterfallen würde,

damit es endlich einmal eine schöne stille Adventszeit in diesem Haus gäbe.

Und nicht nur die Treppe runterfallen – nein, ein Schlaganfall, ein Herzinfarkt, immerwährende Atemnot, komplizierte Brüche in allen Fingern – all das wünschte Hilde Herrn Brückner und teilte dies jedem mit, der ihr zuhörte. Aber das waren nur schöne Phantasien. Die Blechinstrumente-Folter dauerte an.

In der letzten Zeit übte Herr Brückner deutlich öfter. Stolz hatte er Hilde im Hausflur erzählt, dass er eventuell bald im Kirchenchor der St. Anna-Gemeinde spielen dürfe. Er müsse aber dafür viel üben, da dies ein anspruchsvoller Chor sei, der nur gute Musiker und Sänger toleriere.

Hilde knetete wütend ihren Teig, als weitere schräge Töne ihr Trommelfell quälten. „Verdammt“, fluchte sie. „Hoffentlich ist bald Ruhe da oben.“ Missmutig drückte sie den Teigmännchen auf dem Kuchenblech die kleinen Rosinenaugen fest in die Köpfe. Sonst machte ihr das weihnachtliche Backen Spaß – aber bei diesem Getröte wollte einfach keine Adventsstimmung aufkommen. Im Geiste musste sie die Melodie immer mitsummen.

„O du – Pause Pause Pause – fröh – li –che-e Pause Pause O du Pause Pause Seeli-ge-e Pause Pause Pause ...

Herr Brückner konnte kein einziges Lied wirklich gut spielen. Entweder hörte man falsche Töne oder lange Pausen

– aber meist beides! Hilde schob das Backblech in den Ofen und knallte die Tür zu. Sie schaltete das Radio ein und drehte die Musik auf. Rolf Zuckowski und seine Kinderschar johlten das Lied von der Weihnachtsbäckerei. Seufzend machte sich Hilde einen Kaffee. Sie wischte das Mehl vom Küchentisch und setzte sich.

Hilde dachte an das Weihnachtsfest. Sie war alleinstehend. Es hatte zwar den einen oder anderen männlichen Interessenten gegeben, aber irgendwie hatte sich in ihrem Leben nichts wirklich Ernstes ergeben. Normalerweise verbrachte sie das Weihnachtsfest mit ihrer Schwester und ihren beiden Freundinnen. Ihre Schwester hatte ebenfalls nie geheiratet. Ihre beiden Freundinnen waren seit kurzem verwitwet. So hatte diese Schicksalsgemeinschaft beschlossen, das Weihnachtsfest zusammen zu verbringen. Meist feierte man bei Hilde, da sie die größte Wohnung hatte. Es war immer ein schöner harmonischer Abend.

Leider war es in diesem Jahr nicht so. Ihre Schwester hatte einen alten Knacker kennengelernt, der Weihnachten unbedingt mit ihr auf Mallorca verbringen wollte. Ihre beiden Freundinnen wollten dieses Jahr Weihnachten in London feiern. Beide waren schon über siebzig und wollten sich diesen Wunsch gemeinsam erfüllen. Sie hatten ein exklusives Hotel gebucht und freuten sich auf die festlich geschmückte Stadt und auf die schön dekorierten

Geschäfte. Hilde war also dieses Mal allein und würde wahrscheinlich Heiligabend frustriert auf ihre Weihnachtsplätzchen heulen. Und das war schon in drei Tagen.

In den nächsten beiden Tagen erledigte Hilde die üblichen Besorgungen: Lebensmittel einkaufen, Päckchen zur Post bringen, Weihnachtskarten verschicken – und dann war es geschafft. Der Kühlschrank war gefüllt, die wenigen Bekannten und Freunde waren mit kleinen Päckchen oder Karten bedacht, die Wohnung war geputzt. Nun kehrte Ruhe in Hildes Hausfrauen-Seele ein.

Heute war Heiligabend! Hilde hatte in Ruhe gefrühstückt und es sich mit der Zeitung bequem gemacht. Während sie auf ihrem Brot herumkaute und sinnend aus dem Fenster schaute, fiel ihr plötzlich ein, dass sie etwas vergessen hatte! Sie hatte das wichtigste Päckchen für ihre alte Freundin Kornelia, die im Allgäu wohnte, nicht verschickt. Das hatte sie nämlich extra bei Seite gelegt, weil sie noch ein paar von den leckeren Weihnachtskeksen, die sie gestern Abend erst gebacken hatte, beifügen wollte. Hilde schaute auf die Uhr. Es war elf Uhr. Das Postamt war vermutlich noch nicht geschlossen. Schnell steckte sie die frischen Weihnachtsplätzchen in eine kleine Plastiktüte, packte sie ins Päckchen, verklebte es, schrieb die Adresse drauf und flitzte dann eilig in Richtung Postamt. Dort standen viele Menschen am Schalter,

die genau wie sie noch schnell etwas verschicken wollten. Alle blickten missmutig auf die beiden Schalterbeamten, die hektisch und mit roten Ohren versuchten, dem Ansturm Herr zu werden. Endlich war Hilde fertig und machte sich auf den Heimweg. Von weitem hörte sich schon wieder das verhasste Getröte von Herrn Brückner. „Oh nein“, entfuhr es ihr.
Als sie gerade die Haustür aufschloss, hörte sie im Flur lautes Gepolter. Dann war Stille. Auch das Getröte hatte aufgehört.
Hilde öffnete die Haustür und zuckte zurück. Etwas großes Rotes lag still am Fuß der Treppe. Sie trat näher. Es war Herr Brückner im Weihnachtsmann-Kostüm. Die Trompete lag direkt neben ihm. Hilde beugte sich über Herrn Brückner. „Hallo?“ Sie rüttelte an seiner Schulter. Nichts! Herr Brückner rührte sich nicht. Sie packte ihn energischer an der Schulter und drehte ihn auf den Rücken. Er starrte sie an! Hilde starrte zurück! Herr Brückner starrte immer noch. Nichts in seinem Gesicht bewegte sich. Nur durchdringendes Starren. Da schwante Hilde, dass Herr Brückner tot war.
Was für ein wunderbares Weihnachtsgeschenk! Aber es brachte Hilde auch in arge Bedrängnis!
Wie oft hatte sie allen erzählt, dass sie sich den Tod von Herrn Brückner wünschte! Sie war die Hauptverdächtige! Nun gut, wenn man von einem Unfall ausging, war sie aus

dem Schneider. Aber wenn die Polizei sich erst einmal im Haus umhören würde, dann hätte sie ein Problem. Und darauf wollte es Hilde nicht ankommen lassen. Herr Brückner musste verschwinden – und zwar jetzt. Aber zuerst das wichtigste. Mit beiden Beinen sprang Hilde mehrmals auf die Trompete. Das Instrument protestierte mit leisen Knirschgeräuschen. Tief befriedigt betrachtete Hilde ihr Werk. Dieses Instrument würde niemandem mehr die Adventszeit versauen!

Energisch packte Hilde beide Beine von Herrn Brückner und schleifte ihn in Richtung ihrer Wohnung. Als sie mit ihrem üppigen Hinterteil gegen die Wohnungstür stieß, sprang diese überraschenderweise auf! Hilde stutzte kurz, zog aber dann weiter an Herrn Brückners Beinen. Keuchend zerrte sie ihn in die Diele. Hier konnte er nicht bleiben. Es war zu eng. Er musste ins Wohnzimmer. Mit der einen Hand zerrte Hilde am linken Bein von Herrn Brückner, mit der anderen Hand öffnete sie die Wohnzimmertür.

Lichterschein blendete sie.

„Überraschung“, tönte es ihr entgegen.

Hilde erstarrte! Dort im Wohnzimmer standen im Kerzenschein ihre Schwester und ihre beiden Freundinnen. Deren Lächeln erstarrte nun.

Ein überraschtes „Oh“ entfuhr ihrer Schwester leise. „Ich habe doch deinen Wohnungsschlüssel ... Wir wollten dich

überraschen und doch mit dir zusammen feiern. Wir fahren alle erst morgen in Urlaub, aber ..."
Sie hielt mitten im Satz inne und blickte ungläubig auf die Szene, die sich ihr bot. Hilde stand erstarrt in der Tür, mit weit aufgerissenen Augen. Mit der linken Hand umklammerte sie immer noch das Bein von Herrn Brückner.
Karla, Hildes resolute Freundin, fasste sich als Erste. „Mensch, Hilde – du hast dir ja sogar einen eigenen Weihnachtsmann mitgebracht!"
Das war das letzte, das Hilde hörte, bevor ihr schwarz vor Augen wurde. Die nächsten Tage nahm Hilde nur noch wie durch einen Nebelschleier war. Polizei, Notarzt, Verhöre, Untersuchungshaft.
Obwohl sie immer wieder ihre Unschuld beteuerte, wurde sie acht Wochen später zu zwölf Jahren Haft verurteilt.
Sie war eine ruhige Gefangene – friedlich und unauffällig. Deshalb konnte niemand verstehen, warum sie schreiend auf eine Betreuerin losging, als diese Hilde fragte, ob sie nicht vielleicht Interesse hätte, im Posaunenchor des Frauengefängnisses mitzuspielen.

Überraschungs-Ei

„Du, Klaus, komm` doch mal gucken. Hier, direkt an der Balkontür klebt von außen irgendetwas. Und auf dem Boden liegen Eierschalen."
Klaus erhob sich unwillig aus seinem Sessel. Er war gerade von der Arbeit gekommen und freute sich auf seinen Feierabend. „Das war sicher ein Vogel, der ein Ei verloren hat", meinte er lakonisch zu seiner Frau, die am Balkonfenster stand.
„Ein Ei im Flug verloren? Das habe ich ja noch nie gehört! Dann wären unsere Städte ja von Rührei übersät, du Witzbold", höhnte die holde Gattin. „Ich glaube, die Vögel haben sich unter Kontrolle. Diese Eierschalen hier müssen einen anderen Grund haben."
Klaus merkte, dass seine Frau das Thema nicht so einfach unter den Tisch fallen lassen wollte. Er öffnete die Balkontür und ging nach draußen. Tatsächlich, auf dem Balkonboden lagen mehrere zerbrochene Eierschalen. Und es sah so aus, als ob das Innere der Eier an der Balkontür entlanggelaufen sei. „Das ist wirklich merkwürdig", meinte Klaus. „Vielleicht haben uns irgendwelche Kinder einen Streich gespielt. War nicht vor kurzem Halloween? Da werfen die Kinder doch mit Eiern, wenn sie nichts Süßes bekommen."

Seine Gattin lachte. „Im Ernst? Bis in die 4. Etage? Da müssen die lieben Kleinen aber vorher ein Tellerchen Anabolika verdrücken, damit sie Arme wie russische Kugelstoßerinnen bekommen! Nee, mein Lieber, das ist sicher nicht der Grund."
„Vielleicht war es ein Raubvogel, der das Gelege eines Singvogels ausgeraubt hat", meinte Klaus und kam zurück in die Wohnung. „Ja klar, und er trägt dann drei Eier im Körbchen durch die Luft, du Hirni! Wie soll der Vogel denn die geraubten Eier transportieren?", spöttelte seine Frau.
„Mann, ich hab' jetzt Feierabend, Tina. Lass´ mich mit diesem Eierkram in Frieden. Irgendeine Lösung wird es schon geben. Ich werde in den nächsten Tagen den Balkon im Auge behalten. Ich habe ja ab morgen eine Woche Urlaub." Mit diesen Worten setzte Klaus sich wieder in seinen Sessel und widmete sich der Tageszeitung.
Am nächsten Tag lag er entspannt auf dem Sofa im Wohnzimmer, genoss ein spätes Frühstück und schaute dabei einen spannenden Fernsehfilm, als plötzlich irgendetwas gegen das Balkonfenster knallte. Klaus schoss vom Sofa hoch.
Da sah er schon das Eigelb über die Fensterscheibe rinnen. Er rannte auf den Balkon, schaute nach oben und auch zur gegenüberliegenden Straßenseite – aber es war nichts zu sehen. Er holte einen Lappen und wischte das

Eigelb von der Scheibe – eine mühselige Arbeit. Dann sammelte er die Eierschale auf und entsorgte sie. Tina musste ja nicht mitbekommen, dass schon wieder ein Ei hier gelandet war.

Aber Tina entdeckte natürlich sofort die Eierschale im Abfalleimer, als sie von der Arbeit nach Hause kam.

„Und, Klaus? Konntest du irgendetwas sehen? Weißt du nun, woher das mysteriöse Ei kommt?", fragte Tina erwartungsvoll. Klaus seufzte. „Nein, leider nicht. Es knallte und dann war es auch schon passiert. Ich bin rausgerannt, habe aber nichts Ungewöhnliches sehen können. Aber ich werde weiter aufmerksam sein. Dieses Rätsel werde ich schon lösen."

Am nächsten Morgen bewaffnete sich Klaus mit einem Fernglas. Dann holte er sein Frühstück ins Wohnzimmer und wartete. Gerade, als er seinen Kaffee trinken wollte, knallte es wieder. Klaus schüttete sich vor Schreck den glühend heißen Kaffee in den Schritt. „Verdammt", quiekte er, unterdrückte aber den Schmerz und rannte zum Balkonfenster. Der gelblichweiße Eierinhalt rannte genau wie gestern über das Fensterglas. Klaus spähte zum gegenüberliegenden Haus. Hatte sich da nicht eine Gardine am Fenster der Wohnung in der vierten Etage bewegt? Er holte das Fernglas und peilte nach drüben. Nichts! Alles war ruhig. Er ging ins Bad, zog seine mit Kaffee bekleckerte nasse Hose aus und warf sie in den Wäschesammler. Dann holte er sich eine neue Jogginghose aus dem Schlafzimmer. Als seine Frau nach Hause kam, erzählte er ihr von der erneuten Eier-Attacke. Von der Kaffee-Attacke auf seine Kronjuwelen erzählte er nichts.

Am Morgen darauf frühstückte Klaus schnell in der Küche und legte sich dann im Wohnzimmer auf die Lauer. Mehrere Stunden passierte nichts. Als Klaus gerade seine Brille suchte, um die Programmzeitschrift zu lesen, knallte es wieder. Klaus schoss hoch und eilte zum Fenster. Er konnte sehen, wie im Haus auf der anderen Straßenseite schnell eine Balkontür zugemacht wurde. Es waren also keine Tiere, die die Eier-Attacken durchführten. Es schien ein Mensch zu sein. Aber warum? Als Tina abends von der Arbeit kam, berichtete Klaus ihr von seiner Entdeckung. Tina war fassungslos.
„Wer macht denn so etwas? Das kann doch nur ein Gestörter sein! Du musst rausfinden, wer dort in der vierten Etage wohnt und ihn zur Rede stellen. Am besten drohst du ihm sofort mit einer Klage!“

Tina war sauer. Ihr Tag war stressig gewesen und nun musste sie sich auch noch Gedanken über geistig Verwirrte machen, die Eier durch die Gegend schmissen.

Tags darauf frühstückte Klaus nicht, sondern legte sich hinter der Wohnzimmergardine auf die Lauer. Und tatsächlich: Nach einer halben Stunde öffnete sich die Balkontür der Wohnung auf der vierten Etage im Haus gegenüber. Eine schmächtige Frau mit weißblonden Haaren erschien und schleuderte mit geübtem Wurf ein Ei herüber, das mit lautem Geräusch an der Scheibe zerbarst.

Klaus riss die Balkontür auf und brüllte laut los. „Ey, was soll das? Sind Sie wahnsinnig? Sie können doch nicht einfach mit Eiern werfen!“

Von der anderen Straßenseite kam die schrille Stimme der Frau herüber. „Ich hab‘ dich erkannt, du Schwein! Du bist mein alter Deutschlehrer! Und du weißt genau, was du mir angetan hast!“ Hasserfüllt blickte die Frau zu ihm herüber.

„Sie spinnen ja! Ich kenne Sie nicht! Ich bin Finanzbeamter und kein Deutschlehrer!“, schrie Klaus wütend.

„Du lügst! Ich habe dich sofort erkannt. Ich hasse dich!“

Die Frau drehte sich abrupt um und verschwand in der Wohnung. Die Balkontür wurde mit lautem Knall geschlossen.

Klaus kehrte fassungslos ins Wohnzimmer zurück. Was war das denn für eine Irre? Die war ja gemeingefährlich. Wer weiß, was die sich sonst noch alles einfallen ließ? Er musste unbedingt mit ihr reden und die Sache klarstellen. Aber jetzt musste er sich erst mal beruhigen. Morgen würde er die Sache in Angriff nehmen. Als er abends Tina von der Sache erzählte, meinte sie lakonisch: „Ach, *du* bist gemeint. Dann muss *ich* mir ja keine Sorgen machen. Dann bin ich außen vor. Gott sei Dank. Bei diesen durchgedrehten Frauen weiß man nie, auf was für abgedrehte Einfalle sie als nächstes kommen!"

„Na, danke schön aber auch", meinte Klaus beleidigt. „Du bist wirklich mitfühlend und verständnisvoll, Tina!"

Am nächsten Morgen klatschen zwei Eier gegen die Balkontür. Klaus rannte wutentbrannt nach unten. Jetzt war er es leid. Er würde dieser verstörten Tussi die Meinung geigen. Er lief über die Straße, ging ins Haus und hechtete die vier Etagen hoch. Laut keuchend hämmerte er gegen die Tür der Eierwerferin. „Machen Sie sofort auf, Sie Miststück", brüllte er.

Hinter der Tür rührte sich nichts. Klaus klingelte und klopfte noch ein paar Mal und kehrte dann unverrichteter Dinge in seine Wohnung zurück. Den ganzen Tag tigerte er schlecht gelaunt im Wohnzimmer herum. Man musste diese Frau doch in ihre Schranken weisen können. Er rief im Polizeipräsidium an und berichtete, was geschehen war. Die Polizei könne nicht helfen, bekam er zu hören. Eventuell könne der Hausbesitzer Anzeige wegen Sachbeschädigung erstatten, aber die Eier hätten ja

bisher noch keinen Schaden am Haus angerichtet. Rein rechtlich könne man nicht viel unternehmen.
Klaus bekam noch schlechtere Laune.

Am nächsten Morgen knallten drei Eier vor die Balkontür. Wieder raste Klaus wie von der Tarantel gestochen über die Straße ins Haus gegenüber und hämmerte an die Tür der Frau. „Ich trete Ihnen gleich die Tür ein! Hören Sie auf mit diesen Eier-Attacken! Ich bin nicht Ihr alter Deutschlehrer! Ich bin Finanzbeamter! Wenn Sie noch einmal ein Ei an unsere Fenster werfen, dann hetze ich Ihnen meinen Anwalt auf den Hals.“ Er wollte sich gerade umdrehen und gehen, als sich die Wohnungstür öffnete. Die schmächtige Frau mit den weißblonden Haaren stand vor ihm und giftete ihn an. „Du bist mein alter Deutschlehrer! Dein Gesicht vergesse ich nie mehr – aber komm rein, dann klären wir die Sache ein für alle Male.“ Sie öffnete die Wohnungstür weit, drehte sich um und ging in die Wohnung.
Klaus zögerte. Sollte er wirklich dort hineingehen? Aber was könnte eine so schmächtige Frau ihm denn tun? Er war ihr körperlich eindeutig überlegen. Und er wollte diese verfluchte Sache nun klären! Klaus trat in den Flur. Die Frau stand in der Küche.
„Komm rein“, sagte sie. „Ich mach uns einen Tee. Dann reden wir.“

Klaus setzte sich. Es war ihm unangenehm, dass diese Fremde ihn sofort duzte. Bald war der Tee zubereitet und stand in zwei Tassen dampfend auf dem Tisch.
„So“, meinte die Frau energisch. „Trink, bevor der Tee kalt wird. Dann schmeckt er nicht mehr!“
Klaus nahm einen Löffel Zucker aus der kleinen Porzellanschale, rührte seinen Tee um und trank ein paar große Schlucke, während er überlegte, wie er das Gespräch eröffnen sollte.
Die Frau fixierte ihn mit ihren dunklen Augen. „Alt bist du geworden – und dick. Aber ich erkenne dich!“
So eine Frechheit! Alt und dick! Klaus wollte gerade eine Schimpfkanonade loslassen, da merkte er, dass er nicht mehr sprechen konnte. Er konnte seine Zunge nicht mehr richtig bewegen. Was war das denn für ein Mist? Hatte diese Hexe ihm etwas in den Tee gemischt? Das war das einzige, was kleine schmächtige Frauen tun konnten. Mit Gift hantieren! Wie blöd von ihm, diesen Tee zu trinken. Er versuchte, etwas zu sagen, doch er konnte nur noch lallen. Dann fiel sein Kopf auf die Tischplatte. Er war ohnmächtig.
Als er wieder zu sich kam, brummte ihm der Schädel. Eine dicke Beule hatte sich auf seiner Stirn gebildet. Er schaute sich um. Er war noch immer in der Küche, auf dem gleichen alten Holzstuhl. Aber nun war er gefesselt. Verschnürt wie ein Paket. Dicke Kordeln waren um seine

Hände, seine Füße und seinen Körper geschlungen. Sie schnitten in seine Haut. Sein Mund war verklebt. Er atmete heftig durch die Nase. So ein Miststück! Sie hatte ihn ausgetrickst.

Die Frau kam in die Küche. Sie stellte einen alten Teller auf den Tisch, bei dem die Glasur schon fast verschwunden war und legte eine verbogene rostige Gabel daneben.

Sie grinste ihn heimtückisch an. „So, du Schwein, jetzt kann ich dir endlich alles heimzahlen."

Klaus schnaufte. Er zerrte an seinen Fesseln.

„Ganz ruhig, mein Lieber. Zappeln nützt dir nichts", sagte die Frau. „Du weißt doch sicher noch genau, was du mir angetan hast. Es war so grauenhaft, so unvorstellbar grauenhaft! Jeden Tag hast du mich bis aufs Blut gequält, du mieser Folterknecht!" Sie schlug mit der flachen Hand auf den Tisch. Klaus zuckte zusammen und versuchte, zu sprechen. Merkwürdige Geräusche kamen aus seinem zugeklebten Mund.

„Sei still", herrschte die Frau ihn an. „Du Monster! Du warst der einzige Lehrer, der nicht in der Lage war, mit Kreide anständig auf die Tafel zu schreiben. Jedes einzelne Wort war eine Qual. Kreischend und quietschend hast du die Kreide über die Tafel geführt. Und oft hast du mit deinen Fingernägeln über die Tafel gekratzt. Ich bekomme heute noch eine Gänsehaut, wenn ich daran denke! Und wie gern hast du in jeder Deutschstunde ganze Gedichte an die Tafel geschrieben. Ich habe immer gedacht, es zerreißt mich! Diese grauenhaften Quietsch- und Kratzgeräusche. Du warst einfach unfähig! Unfähig!! Aber nun bekommst du alles zurück! Alles!" Die Frau riss den Teller vom Tisch, packte die Gabel und begann, wie eine Wahnsinnige mit den Gabelzinken auf dem Teller herumzukratzen. Das furchtbare Geräusch fuhr Klaus durch Mark und Bein. Er zappelte auf seinem Stuhl, doch er war gut verschnürt.

Die Frau stoppte abrupt ihr Tun. „Ooops, jetzt hätte ich Dummerchen beinahe das Wichtigste vergessen." Sie stand auf, ging ins Wohnzimmer und kam mit Ohrenschützern auf dem Kopf zurück. „Jetzt macht es noch viel mehr Spaß, mein Lieber."

Und wieder kratzten die rostigen Gabelzinken quietschend über das Porzellan. Klaus wusste nicht, wie lange er das noch ertragen konnte. Er fragte sich, ob Ohren bluten können.

Leider erhielt er nie eine Antwort auf seine Frage. Irgendwann verschluckte er sich an seiner eigenen Spucke. Er versuchte verzweifelt zu husten. Da sein Mund jedoch mit Paketband verklebt war, prustete er mit knallrotem Gesicht ein paar Mal, bäumte sich kurz auf und erstickte dann. Die Frau, die immer noch irre kichernd den Teller mit den Gabelzinken malträtierte, dachte, er würde sich wegen der nervtötenden Geräusche in Höllenqualen winden. Sie bemerkte erst viel später, dass Klaus bereits seit einiger Zeit ein ganz anderes Geräusch hörte – den harmonischen Gesang der Engel.

Reden ist Silber ...

Vanessa strich ihr blondes Haar aus der Stirn. „Endlich habe ich es geschafft!“, dachte sie. Zufrieden räkelte sie sich in dem großen weichen Sessel und ließ den Blick durch ihr Wohnzimmer schweifen. Es war wie ein Chalet in den Rocky Mountains gestylt. Massivholz, Naturstein, Kissen mit bunten Ethno-Mustern und Felle strahlten eine kostspielige und gediegene Behaglichkeit aus.

Noch vor drei Jahren hatte sie in einem Vorort der Stadt gelebt. Das kleine, ärmlich eingerichtete Apartment, in dem sie damals wohnte, konnte sie kaum bezahlten, da sie zu dieser Zeit noch die Schauspielschule besuchte. Keiner bemerkte ihr Talent und sie war eine von unzähligen Schülerinnen, die den Traum der plötzlichen Entdeckung und des Erfolgs träumten. Doch eines Tages wurde dieser Traum Wirklichkeit. Als in einer Unterrichtsstunde ein älterer Mann auftauchte und die Schülerinnen während ihrer Proben beobachtete, rief er Vanessa nach einiger Zeit zu sich und fragte, ob sie nicht Lust hätte, zu Probeaufnahmen in sein Studio zu kommen. Vanessa sagte zu. Sie glaubte zwar nicht an eine Chance, aber probieren wollte sie es auf jeden Fall. Eine Woche später fuhr sie zu der genannten Adresse. Der Mann hatte ziemlich untertrieben, als er von einem kleinen Studio sprach. Es war ein riesiges Hochhaus im Stadtzentrum. An der

Eingangstür prangte in dicken Messinglettern der Name des Studios. Vanessas Herz klopfte, als sie durch die mit dicken Teppichen ausgelegte Eingangshalle schritt und sich bei der Empfangsdame anmeldete. Die Probeaufnahmen waren erstaunlich gut. Bald darauf bekam Vanessa ihre erste kleine Rolle in einem Film. Kurz darauf folgte das nächste Angebot. Diesmal hatte sie schon mehr Text. Und dann kam der entscheidende Film, der alles veränderte – sie hatte zwar noch keine richtige Hauptrolle, spielte aber so gut, dass sie einigen Leuten auffiel – und zwar den richtigen Leuten. Von da an ging es aufwärts. Im nächsten Film bekam sie die weibliche Hauptrolle. Plötzlich stand sie im Mittelpunkt. Zeitungen und Fernsehen berichteten über sie. Als sie dann ihre zweite Hauptrolle bravourös meisterte, war sie ein Star. Zuerst war sie noch etwas unsicher. Sie musste sich daran gewöhnen, eine Person öffentlichen Interesses zu sein. Aber irgendwann war es ganz normal, Interviews zu geben oder vor Paparazzi zu flüchten.

Das kleine hässliche Apartment hatte sie schnell vergessen. Zuerst mietete sie eine großzügige Wohnung in der Innenstadt. Dann wurde ihr ein herrliches Landhaus zum Kauf angeboten, da der Besitzer – ein alter verarmter Schauspieler – dringend Geld benötigte. Sie griff sofort zu. Nun wohnte sie schon zwei Monate hier draußen. Es war himmlisch. Ringsum nur Wiesen und Wälder. Das Anwesen lag zwar etwas einsam, aber Vanessa genoss die Ruhe. Hier konnte sie wunderbar abschalten und ihre Texte lernen. Sie genoss es, auf der sonnigen Terrasse zu frühstücken und dabei die Vögel zu beobachten. Demnächst würde sie sich nach einem Hund umsehen. Sie liebte zwar die Einsamkeit, aber ein Hund machte ein Haus einfach behaglicher. Nichts war entspannender, als abends nach einem langen Drehtag am Kamin zu sitzen und einem schlafenden Hund zuzusehen.

Aber das hatte noch Zeit. Jetzt musste sie sich auf ein neues Filmprojekt vorbereiten und danach würde sie die Tierheime in der Nähe aufsuchen. Dort warteten viele treue Seelen auf ein neues Zuhause. Vielleicht würde sie auch zwei Hunde adoptieren. Platz genug hatte sie.

Sie ließ den Blick über das verwilderte Grundstück schweifen. Hier war noch einiges zu tun. Ab und zu kam ein alter Mann aus der Nachbarschaft vorbei und half Vanessa beim Rasenmähen und anderen Arbeiten. Er kannte sich mit Flora und Fauna gut aus und hatte viele hilfreiche Anregungen. Gemeinsam überlegten sie, wie das Grundstück gestaltet werden sollte. Vanessa träumte von einem romantischen Cottage Garten. Sie hasste akkurat zurechtgestutzte Gärten ohne Rückzugsorte für Tiere. Freunde hatten sie gefragt, ob sie nun eine Haushälterin oder einen Butler einstellen wolle. Das wäre zur

Zeit der letzte Schrei. Jeder, der etwas auf sich hielte, hätte jetzt einen Butler. Aber Vanessa lehnte dankend ab. Sie wollte keine Bediensteten. Ihr Haus war ihr persönliches Reich. Niemand sollte in ihren Sachen herumschnüffeln. Nach den hektischen Stunden im Filmstudio war sie froh, wenn sie zu Hause Ruhe und Frieden fand. Selbst Putzen und Aufräumen hatte etwas Meditatives für Vanessa. Dabei konnte sie wunderbar nachdenken. Und außerdem hatte sie früher auch alles allein erledigt. Das erdete sie irgendwie. Sie wollte nicht so überheblich werden wie einige ihrer Kolleginnen, die nur in zweitklassigen Filmen zu sehen waren, sich aber benahmen, als seien sie der Nabel der Filmwelt.

Auch die dunklen Abende machten Vanessa keine Angst. Sie lag gemütlich auf dem Sofa vor dem Kamin und las oder hörte Musik. Und wenn es draußen mal knackte oder ein unbekanntes Geräusch an Vanessas Ohr drang, machte sie sich keine Sorgen.

Bereits als Jugendliche hatte sie begonnen, den Kampfsport Taekwondo zu erlernen. Sie wollte nie zu den wehrlosen, geschlagenen, beraubten oder vergewaltigten Frauen gehören, von denen täglich in den Medien berichtet wurde und die oft bei entwürdigenden Prozessen vor desinteressierten Richtern ihr ganzes Leid schildern mussten. Die Täter wurden freigesprochen oder zu lächerlich geringen Strafen verurteilt. Das machte Vanessa

jedes Mal wütend und traurig. Über die Täter machte man sich mehr Gedanken als über die Opfer. Aber sie würde kein Opfer sein! Wer sie schlug, würde mit einer Überraschung konfrontiert werden.
Mittlerweile war sie ein echter Profi in dieser koreanischen Sportart. Taekwondo verlieh ihr die körperliche Fitness und geistige Stärke, die sie auch im normalen Leben entspannt und souverän auftreten ließ.
Vanessas Handy sandte einen leisen Signalton in die Stille und unterbrach ihre Gedanken. Sie las die neue Nachricht. Eine Freundin lud spontan zu einer Party ein. Es war zwar nicht üblich, dass man so spät erst eine Einladung verschickte, da sich alle Stars und Sternchen meist tage- oder wochenlang überlegten, was sie anziehen sollten. Aber manchmal gab es auch Ausnahmen. So wie heute. Aufgrund des wunderbaren Sommerwetters wollte ihre Freundin am Abend eine spontane Grillparty veranstalten. Vanessa freute sich auf einen abwechslungsreichen, amüsanten Abend mit Kolleginnen und Kollegen aus der Filmbranche.
Allerdings würde sie fast zwei Stunden mit dem Auto unterwegs ein. Erschwerend kam hinzu, dass sie den genauen Weg zum neuen Anwesen der Freundin noch nicht kannte. Aber sie würde es sicher finden. Schließlich gab es heutzutage Navigationsgeräte – der Traum einer jeden orientierungslosen Frau. Vorbei war die Zeit, in der

man mindestens eine Stunde zusätzlich einplanen musste, wenn man zu einer unbekannten Adresse fuhr. Vorbei die Zeit, in der man Tankstellenbesitzer, Spaziergänger und andere Mitmenschen mehrfach nach dem Weg fragen musste und von allen in eine andere Richtung geschickt wurde. Vorbei die Zeit, in der man von seinem Partner angebrüllt wurde, nur weil man die Straßenkarte nicht richtig lesen konnte. Navigationsgeräte hatten sich einen Platz im Frauen-Himmel verdient. Sie machten das Leben so viel entspannter!

Vanessa blickte auf ihre Armbanduhr. Es war früher Nachmittag. Sie hatte ausreichend Zeit, um sich zu stylen. Gut gelaunt ging sie ins Badezimmer.

Zwei Stunden später war sie fertig. Frisur und Make-up waren perfekt. Das leichte Sommerkleid betonte ihren Körper an den richtigen Stellen. Vanessa warf sich im Spiegel eine Kusshand zu und verließ dann zufrieden und voller Vorfreude das Haus.

Draußen blickte sie erstaunt nach oben. Wo war die Sonne? Dicke dunkle Wolken hingen am Himmel und es regnete wie aus Kübeln. Das hatte sie im Haus nicht bemerkt, da sie sich die meiste Zeit im Badezimmer aufgehalten hatte. Dusche und Fön hatten die Geräusche des Unwetters übertönt. Vanessa lief über den Hof zur Garage. Hektisch suchte sie die Autoschlüssel in ihrer Handtasche. Verdammt, in dieser Tasche fand man aber auch

nichts! Sie blieb kurz stehen und suchte konzentrierter zwischen Lippenstift, Nagelfeile, Gesichtspuder und anderen für Frauen lebensnotwendigen Utensilien.
Plötzlich hörte sie ein Geräusch! Sie blickte auf und sah eine dunkle Gestalt, die mit eiligen Schritten auf sie zukam. Vanessa stockte der Atem. Das war er! Der Moment der Bedrohung! Im Geiste hatte sie ihn wieder und wieder durchlebt. „Was wollen Sie hier?“, rief Vanessa mit zitternder Stimme.
Die Gestalt gab keinen Laut von sich und kam näher.
„Bleiben Sie stehen!“, kreischte Vanessa. „Ich habe gesagt, Sie sollen stehenbleiben!“ Vanessas Stimme überschlug sich. Die Gestalt kam näher und gestikulierte mit den Armen. Auch das noch – ein Verrückter, dachte Vanessa. Hier draußen war sie auf sich allein gestellt. Hier konnte ihr niemand helfen. Sie durfte der Gestalt keine Chance geben, noch näher zu kommen. Sie ließ die Tasche fallen, schleuderte die hochhackigen Schuhe fort, stieß einen lauten Schrei aus und griff an. Eine kurze, gezielte Kombination aus Schlägen und Tritten – und die Gestalt sackte zusammen.
Vanessa zitterte am ganzen Körper. Es war ein immenser Unterschied zwischen einem Trainingskampf und einem echten Angriff. Sie musste die Polizei anrufen. Aber zuerst wollte sie sehen, wie der Feind aussah. Sie beugte

sich über den reglos daliegenden Mann und zog die Kapuze des dunklen Sweatshirts zur Seite. Ein jungenhaftes Gesicht kam zum Vorschein. Der Mann war höchstens zwischen fünfundzwanzig und achtundzwanzig Jahre alt. Ein ziemlich nettes Gesicht. So hatte sich Vanessa den Angreifer nicht vorgestellt. Aber das musste nichts heißen. Heutzutage war alles möglich.

Plötzlich stutzte Vanessa. Eine rote Lache hatte sich auf dem Terrassenboden gebildet. Gebannt starrte Vanessa auf das Blut. Die Kapuze des Sweatshirts war bereits völlig durchtränkt. Vanessa wurde übel. Sie griff nach dem Handgelenk des Mannes. Kein Puls! Das durfte nicht sein! Sie konzentrierte sich und versuchte erneut, den Puls des Mannes zu ertasten. Nichts! Sie legte ihre flache Hand auf den Brustkorb des Mannes. Auch hier war nichts zu spüren. Sein Brustkorb hob und senkte sich nicht. Es war also Realität. Sie hatte ihn getötet! Nach Vanessas Attacke war er so unglücklich mit dem Kopf auf einen der Begrenzungssteine aufgeschlagen, dass dies seinen Tod verursacht hatte. Vanessa wurde von einem Weinkrampf geschüttelt und erbrach sich. Was sollte sie nun machen? Der Regen prasselte kalt auf ihren Kopf. Das Gewitter war nun direkt über ihr. Der Donner grollte so laut, dass der Boden zitterte. Vanessa sprang auf, griff ihre Handtasche und die Sandalen und rannte ins Haus.

Im Wohnzimmer schüttete sie sich mit zitternden Händen einen Cognac in ein Glas und trank es mit einem Zug leer. Ratlos stand sie mitten im Raum – verzweifelt und durchnässt. Auf ihrer Terrasse lag ein Toter. Ein Mensch, den sie getötet hatte! Wenn sie jetzt die Polizei anrufen würde, würde ihr mühsam aufgebautes erfolgreiches Leben vorbei sein. Die Presse würde über sie herfallen, Reporter würden ihr Haus belagern und mit ihrer Filmkarriere wäre es vorbei. Nervös rauchte Vanessa eine Zigarette nach der anderen. Es musste einen anderen Weg geben. Jetzt nicht durchdrehen! Atmen, Nachdenken, Lösungen finden! Zuerst musste sie trockene Sachen anziehen – nein, zuerst musste der Tote von der Terrasse verschwinden oder zumindest getarnt werden.

Vanessa rannte barfuß in den Regen zurück und zerrte die Leiche in die Garage. Dort deckte sie sie mit einer Plane ab und lief zurück ins Haus. Ihre Zähne schlugen aufeinander. Ihr war eiskalt. Sie zog die nassen Sachen aus und ging unter die Dusche.

Langsam wurde ihr wieder warm. Sie blieb eine halbe Stunde unter dem heißen Wasserstrahl der Dusche und sortierte ihre Gedanken. Der Tote musste verschwinden. Und dann würde sie dieses Ereignis für immer vergessen. Es war einfach nicht geschehen. Sie war eine berühmte und gefeierte Schauspielerin. Sie war seriös. Sie war

freundlich und liebenswert. Sie würde nie jemanden umbringen!
Nachdem sie sich abgetrocknet hatte, schlüpfte sie in Jeans, T-Shirt, Parka und Stiefel. Schminken brauchte sie sich jetzt nicht. Toten Männern war egal, wie Frauen aussahen. Vanessa fuhr den Wagen auf die Terrasse, da es in der Garage zu eng war, um den Toten ins Auto zu laden. Es regnete immer noch. Sie ging zurück in die Garage und zog die Plane weg. Zum Glück war er immer noch da. Vanessa erinnerte sich einige Psychothriller, in denen die Leiche plötzlich verschwand, um an einem anderen Ort unvermittelt aufzutauchen. Aber ihr Toter war zuverlässig. Er blieb da, wo man ihn abgelegt hatte.
Vanessa starrte auf ihn herab. Sie hatte Angst, den Körper zu berühren. Hoffentlich war er nicht schwer. Sie musste sich beeilen. Seit seinem Tod war nun etwa eine Stunde vergangen. Vanessa wusste aus einer ihrer Filmrollen als Gerichtsmedizinerin, dass die Leichenstarre meist nach circa drei Stunden einsetzte. Also musste sie den Mann bis dahin entsorgt haben. Sonst würde es schwierig. Und sie hatte auch keine Lust, mit dem Transport zu warten, bis sich die Leichenstarre nach etwa vierundzwanzig bis achtundvierzig Stunden wieder löste.
Vanessa öffnete den Kofferraum ihres Wagens. Sie wickelte die Leiche in die Plane, mit der sie sie vorher abgedeckt hatte und verschnürte sie mit breitem Klebeband.

Das war anstrengend. Vanessa schwitzte. Dann hievte sie zuerst die Beine des Mannes in den Kofferraum und anschließend seinen Körper. Sie musste mehrmals ansetzen und keuchte vor Anstrengung. Zum Glück war er kein Athlet oder übergewichtig. Endlich war es geschafft. Schnell schloss Vanessa den Kofferraumdeckel. Sie ging zur Fahrertür und blickte sich nochmals auf der Terrasse um. Der Regen hatte mittlerweile die Blutlache auf den Steinplatten fast weggewaschen. Um den Rest würde sie sich später kümmern.

Sie stieg ins Auto und fuhr los – zuerst ziellos. Doch dann wusste sie, wo sie die Leiche verschwinden lassen konnte. Ganz in der Nähe gab es einen kleinen See. Er lag ziemlich versteckt in einem Waldstück. Sie hatte ihn zufällig bei einem Spaziergang entdeckt. Der Wagen fuhr durch die Dämmerung. Regen prasselte gegen die Scheiben. Vanessa kroch eine Gänsehaut den Rücken herauf. Allein mit einer Leiche unterwegs. Sie kam sich vor wie in einem Film. Plötzlich hatte sie das Gefühl, dass jemand hinter ihr saß. Ein fauliger Gestank drang in ihre Nase. Die Leiche hatte sich befreit und wollte Vergeltung! Vanessa krallte sich am Lenkrad fest und schaute mit weit aufgerissenen Augen in den Rückspiegel, doch da war nichts zu sehen. Sie fuhr an einem Feld vorbei, auf dem der Bauer anscheinend vor kurzem eine Ladung Gülle verteilt hatte. Daher der Gestank. Jetzt wehte er penetrant ins offene

Seitenfenster. Kurz darauf sah sie den kleinen Pfad auf der rechten Seite der Straße. Sie bog ab, schaltete die Scheinwerfer aus und fuhr langsam den morastigen Weg entlang, der in der Dunkelheit fast nicht zu erkennen war. Der Boden wurde immer matschiger. Ab und zu drehten die Autoräder durch. Hoffentlich blieb sie nicht stecken! Doch das Auto schaffte es bis zum See.

Vanessa stieg aus dem Wagen und versank sofort bis zu den Knöcheln im Morast. Mit schmatzenden Geräuschen lösten sich die Stiefel aus dem Matsch, als Vanessa zum Kofferraum ging. Ein Käuzchen schrie anklagend. Vanessa zuckte zusammen. Das war ja wie in einem schlechten Film! Jetzt fehlte nur noch das Bellen des Fuchses, das immer wieder gern in englischen Krimiserien benutzt wurde. Aber nicht abschweifen. Konzentriert bleiben! Sie öffnete den Kofferraum und hievte den Toten nach draußen. Schwer sackte die Leiche auf den durchweichten Boden. Vanessa zerrte das verschnürte Paket keuchend bis zur Uferböschung und gab ihm einen Stoß. Die Leiche plumpste ins Wasser und blieb dort liegen. Dadurch, dass der Körper in Folie verpackt war, war zu viel Luft in dem Paket. Es wollte nicht untergehen. So ging das nicht! Vanessa suchte sich einen dickeren Ast und drückte das Paket weiter in die Mitte des Sees. Sie hätte ein paar schwere Terrassenplatten oder Steine mit in die Plane

packen müssen, dann würde das Paket jetzt nach unten sinken. Aber das hatte sie leider versäumt.
Es hörte auf zu regnen. Die Wolkendecke riss auf. Wie eine Barke trieb die Plastikplane mit ihrer leblosen Last auf dem See. Der Mond beleuchtete fahl die gespenstische Szene. Unpassenderweise fiel Vanessa spontan die Barkarole aus dem vierten Akt der Oper Hoffmanns Erzählungen ein: „Schöne Nacht, du Liebesnacht ..." Das waren die Nerven, ganz klar. Vanessa war kurz vor dem Durchdrehen. Es war alles so unwirklich. Sie musste dieses Paket irgendwie versenken. Suchend blickte sie sich um. Steine gab es hier nicht viele – und die hätte sie erst einmal hochheben und dann werfen müssen. Dazu war sie nicht in der Lage. Etwas weiter hinten lag ein größerer abgebrochener Ast. Der könnte eine Lösung sein. Vanessa schleifte ihn zum Ufer. Werfen konnte sie ihn nicht. Dazu war er zu schwer. Aber sie konnte ihn aufrichten. Dann ließ sie ihn der Länge nach in den Tümpel fallen. Die Hälfte des schweren Astes klatschte auf das Paket, das nun tatsächlich gluckernd begann, im Wasser zu versinken. Aber zusätzlich zum Gluckern hörte Vanessa merkwürdige gutturale Laute. Das konnte nicht sein! Das hatte sie sich sicher nur eingebildet. Doch plötzlich, kurz bevor das verschnürte Paket ganz im Dunkeln des Teiches verschwand, sah Vanessa eine Hand, die sich verzweifelt nach oben reckte – beschienen vom silbernen

Mondlicht. Vanessa schrie laut auf und rannte zum Auto. Sie stolperte und fiel der Länge nach in den Morast. Sie rappelte sich wieder auf, schrie weiter und sprang ins Auto. Mit durchdrehenden Reifen schoss sie den Pfad entlang bis zur Hauptstraße. Sie weinte immer noch, als sie zu Hause ankam. Diesen Moment würde sie nie mehr vergessen können. Der Mann hatte noch gelebt, als sie ihn im Teich versenkte!

Lehmverschmiert, verheult, durchgeschwitzt und körperlich am Ende kroch Vanessa ins Haus. Sie trank zwei Cognac auf ex, duschte und nahm dann eine starke Schlaftablette, um die Nacht zu überstehen.

Ihr Handy riss sie aus dem Schlaf. Mit verquollenen Augen blinzelte sie ins Tageslicht. Es dauerte, bis sie wusste, wo sie war. Sie tappte barfuß ins Wohnzimmer. Dort vibrierte ihr Handy auf dem Glastisch. Vanessa schaute auf das Display. Neun Anrufe in Abwesenheit! Sie hatte es anscheinend gestern hier auf dem Tisch vergessen, als sie zur Grillparty fahren wollte. Und jetzt machten sich einige Leute Sorgen. Vanessa meldete sich.

Ihre Freundin Tanja klang erleichtert. „Mensch, Vanessa. Schön, dass ich dich erreiche. Ich habe es schon ein paar Mal versucht. Wie geht es dir? Hattest du eine angenehme Nacht?“, fragte sie mit einem leichten Unterton in der Stimme, den nur Frauen untereinander wahrnehmen können.

Vanessa raffte ihre noch von der Schlaftablette betäubten Sinne zusammen. „Wieso fragst du so zweideutig, Tanja?“, murmelte sie in den Hörer.
„Wow, du klingst ja noch total verpennt. Das muss ja eine wilde Nacht gewesen sein!“, meinte Tanja gut gelaunt und fuhr fort. „Ich frage deshalb, weil du doch eigentlich gestern zu meiner Party kommen wolltest. Und weil es anfing, stark zu regnen und du den Weg zu meinem neuen Haus noch nicht kennst und eine so lange einsame Anfahrt hast, habe ich dir meinen Cousin Micha geschickt. Er sollte dich mit seinem Sportwagen abholen …“
Sportwagen! Jetzt, wo Tanja es erwähnte, fiel Vanessa ein, dass sie tatsächlich einen hellen Sportwagen unten an ihrer Einfahrt gesehen hatte. Aber in dem ganzen Chaos hatte sie es einfach vergessen. Sie schluckte.
Tanja fuhr fort. „Du hättest dann nämlich auch etwas von meiner köstlichen Bowle trinken können. Ich habe ein neues Rezept, einfach superlecker und erfrischend. Na ja, aber leider ist meine Grillparty sowieso ins Wasser gefallen. Wir haben hinterher alle im Wohnzimmer gesessen. Draußen hat es wie aus Eimern geschüttet. Und als Micha losgefahren ist und nicht zurückkam, habe ich gedacht, er wäre über Nacht bei dir geblieben.“
„Wie? Bei mir geblieben? Wie kommst du darauf?“ Vanessa versagte fast die Stimme.

„Nun ja“, fuhr Tanja fort. „Micha ist ein Herzensbrecher. Einfach ein Mensch, den man liebhaben muss. Er hat einen jungenhaften Charme, kann hervorragend tanzen, kann gut zuhören und unglaublich zärtlich sein. Er hat schon manchen Eisblock zum Schmelzen gebracht. Und er wird prima damit fertig, dass er stumm ist. Weißt du, er hatte in seiner Kindheit einen schrecklichen Unfall und seitdem ... Vanessa? Du sagst ja gar nichts? Hallooo, Vanessa?“

Das letzte Gefecht

Frank drückte auf den Einschaltknopf des alten Video-Recorders und lehnte sich entspannt nach hinten. Es konnte losgehen! Er trank einen großen Schluck Bier, zündete sich eine Zigarette an und blickte erwartungsvoll auf den Bildschirm. Frank war ein großer Clint Eastwood-Fan. Am liebsten sah er den Schauspieler in seiner Rolle als Inspektor Harry Callahan vom San Francisco Police Department, weltberühmt als "Dirty Harry". Fast jeden Tag schaute Frank eines der Videos, manchmal auch zweimal hintereinander. Bis spät abends erhellte das Flackern des Fernsehers Franks Fenster. Alle anderen Fenster des kleinen Bergarbeiter-Häuschens in der Zechensiedlung "Flöz Dicke Backe" in Gelsenkirchen-Ückendorf waren dann schon lange dunkel. Frank konnte sich nicht sattsehen an der Mimik von Dirty Harry. Die wortkarge und gnadenlose Art des Inspektors Harry Callahan beeindruckte ihn immer wieder aufs Neue.

Frank kniff die Augen zusammen, saugte an seiner Zigarette und blinzelte cool wie Dirty Harry auf den Bildschirm. Der Film begann. Laute Musik dröhnte durchs Zimmer. Plötzlich klingelte das Telefon.

Frank zuckte zusammen. „Verdammt", fluchte er, wobei ihm die Zigarette aus dem Mund fiel und ein Loch in seine

Hose brannte. Frank riss den Hörer von der Gabel und brüllte seinen Namen.
„Hi, Frank, hier ist dein alter Kumpel Tom“, tönte es aus der Muschel. „Wir beide haben uns schon lange nicht mehr gesehen. Hast du Lust, heute Abend einen draufzumachen?“
„Nee“, knurrte Frank. „Du weißt doch, dass ich am Wochenende keine Zeit habe.“
„War ja auch nur eine Frage. Meine Frau ist zu ihrer kranken Schwester gefahren und ich habe ein paar Tage sturmfreie Bude. Und da dachte ich, dass wir beide doch mal um die Häuser ziehen könnten. Aber egal, dann eben nicht. Mach's gut, Frank.“
„Du auch“, sagte Frank und legte auf. Der Film war schon weitergelaufen. Frank spulte zurück zum Anfang und lehnte sich erneut entspannt zurück. „Uuund Action“, rief er erwartungsvoll.
Wie aufs Stichwort wurde die Zimmertür aufgerissen!
„Fraaank!“
Die schrille Stimme zerriss beinah sein Trommelfell. Senkrecht schoss er vom Sofa.
„Verdammt!“, brüllte er. „Wie oft habe ich dir schon gesagt, du sollst anklopfen?“
„Schon gut, reg' dich nicht auf“, sagte seine Mutter nun etwas leiser. „Dein Essen ist fertig – komm' runter in die Küche.“

Seine Mutter warf einen großen Schatten auf den Bildschirm. Sie war eine korpulente Frau weit über siebzig mit wirren grauen Haaren und einem stechenden Blick, dem nichts entging. „Ah, Bier und Zigaretten!“ Prüfend sog sie die abgestandene Luft im Zimmer ein. „Kannst du nicht am Wochenende mal was anderes unternehmen als zu rauchen, zu saufen und Videos anzusehen? Du bist vierundfünfzig Jahre alt! Du wirst noch hier in deinem Kinderzimmer sterben! Andere Männer haben ihren Müttern da schon Enkel geschenkt!“
„Immer die alte Leier! Lass‘ mich einfach in Ruhe“, entgegnete Frank genervt.
Seine Mutter baute sich drohend vor ihm auf. „Das hat dein Vater auch immer gesagt. Der kam von der Schicht und kaum war er wieder im Tageslicht, wurde gesoffen und faul rumgehangen. Für den gab es nur Alkohol und Angeln. Nix anderes! Und eines Tages ist er nicht mehr zurückgekommen. Seine Kumpels haben ihn ertrunken aus der Ruhr gefischt!“
Energisch riss Franks Mutter die verschlissenen Gardinen auf. Sonnenlicht flutete das Zimmer. Frank kniff geblendet die Augen zusammen. „Und weißt du, was ich dann hatte?“, fragte sie. „Nee“, meinte Frank.
„Ich hatte endlich auch mal Wochenende. Ich konnte endlich auch mal tun, was *ich* wollte. Allerdings nur sie-

ben Monate lang. Dann wurdest du geboren. Seitdem rackere ich mich für dich ab. Und jetzt komm' endlich essen, sonst gebe ich dein Essen dem Hund." Mit lautem Knall flog die Zimmertür zu. Die Holzstufen knarrten unter dem Gewicht von Franks Mutter, als sie nach unten in die Küche ging.

Auf Franks Stirn bildeten sich Schweißtropfen. In diesem Haus hatte man niemals seine Ruhe. Und in der Firma auch nicht. Nirgends hatte man seine Ruhe – einfach nirgends! Dirty Harry hätte das Problem schnell gelöst. Wie sagte Inspektor Callahan im Film "Dirty Harry kommt zurück" so treffend: „Wir drei: Smith, Wesson und ich ..."

Frank stellte sich vor, wie er den schweren Revolver mit dem 6 Zoll-Lauf auf seine Mutter richten würde. .44 Magnum – mit diesem großen Kaliber konnte man kein Ziel verfehlen! In der winzigen Küche wäre jeder Schuss ein Treffer. Endlich Schicht im Schacht! Besänftigt von dieser Vorstellung schaltete Frank den Fernseher aus und machte sich auf den Weg nach unten.

In der Küche löffelte Frank seine fast kalte Suppe. Während seine Mutter vor sich hin nörgelte, waren Franks Gedanken schon wieder bei Clint. Der hatte sein Leben im Griff. Niemand würde es wagen, ihn zu stören oder ihm Dinge vorzuschreiben. Clint, den Frank immer in sei-

ner Rolle als Dirty Harry sah, war souverän und selbstsicher. Er war auf der Seite des Gesetzes – nun ja, zumindest halbwegs – und ging konsequent seinen Weg.
Franks Lebensweg war eher grau, holprig und langweilig. Er war mittlerweile vierundfünfzig Jahre alt, seine Haare waren ausgedünnt, er wog etwas über einhundert Kilo und arbeitete schon seit vielen Jahren in der einzigen größeren Fabrik in dieser Gegend. Es war eine Spielzeugfabrik. Frank arbeitete im Versand. Tagein, tagaus packte er Stofftiere in große oder kleine Pappschachteln. Aber Frank versuchte, ruhig zu bleiben. Eines Tages würde sich sein Leben radikal ändern. Er wusste, dass er eine große Aufgabe zu erfüllen hatte. Er hatte zwar bis jetzt keine Vorstellung davon, was das sein könnte, aber das Schicksal würde ihm sicher einen deutlichen Hinweis geben. Und dann würde er genau so cool und souverän wie Dirty Harry vorgehen.
Gerade, als er im Geiste auf ein Podest zueilte, um dort die Ehrung des Bürgermeisters für seine große Tat zu erhalten, klatschte ihm ein feuchtes Handtuch ins Gesicht.
„Träum' nicht vor dich hin, sondern hilf deiner alten Mutter lieber beim Abtrocknen! Oder soll ich alles allein machen?"
Die ihm wohlbekannte Stimme hatte wieder die übliche Phonzahl erreicht.

Nachdem Frank das Geschirr abgetrocknet hatte, stieg er erneut die Stufen hinauf in sein Zimmer. Er zog die Vorhänge zu, schaltete den Videorecorder ein und tauchte ab in die Welt des Harry Callahan. Er war froh, dass er diesen alten Videorecorder hatte und dass es ein paar Straßen weiter noch eine Videothek gab. Seit es DVDs und Streaming gab, verschwanden die Videotheken. Aber mit diesem neumodischen Kram wollte er sich nicht auseinandersetzen. Er hatte nie mit Computern gearbeitet und selbst das Einrichten eines heutzutage üblichen Flachbildfernsehers hätte ihn hoffnungslos überfordert.

Die Monate zogen ins Land. Franks Leben war immer noch eine Aneinanderreihung von Alltäglichkeiten. Frank ging Tag für Tag zur Arbeit, kam abends nach Hause, hörte sich das Genörgel seiner Mutter an und schaute dann seine heißgeliebten Videos. Dirty Harry, Dirty Harry II, Dirty Harry III – Der Unerbittliche, Dirty Harry kommt zurück und Dirty Harry V - das Todesspiel. Diese Videokassetten ließen ihn sein erbärmliches Leben aushalten. Er konnte die meisten Dialoge auswendig. Während der Film lief, murmelte er leise den Text mit. Er verschmolz dann mit Inspektor Callahan, der alles im Griff hatte und dem man nicht ungestraft auf der Nase herumtanzte. Im Oktober gab es endlich eine Abwechslung in der Firma. Eine neue Sekretärin hatte die Arbeit aufgenommen. Rothaarig und kurvig. Wenn sie durch die Kantine ging,

bekleckerten sich die Mitarbeiter oft mit Suppe oder Soße, weil sie nicht mehr auf ihren Teller schauten. Auch Frank gehörte zu den Bekleckerten. Das war eine Frau ganz nach Inspektor Callahans Geschmack! Frank versuchte, ihre Aufmerksamkeit zu erlangen. Als sie über den Werkhof ging, schlenderte er ihr betont lässig mit kritisch zusammengekniffenen Augen entgegen und murmelte wortkarg wie Dirty Harry: „Morgen, Ma`am!“
Die Sekretärin, die Claudia Hellmann hieß, war überrascht über diese Anrede. Zumal dieser dickliche, fast kahlköpfige Mann einen leicht debilen Eindruck machte, als er ihr mit verkniffenem Gesicht entgegenkam. Sie war unsicher, wie sie sich verhalten sollte und schaute schnell in die andere Richtung.
„Weiber“, knurrte Frank alias Dirty Harry. Dass sie ihn keines Blickes gewürdigt hatte, schmerzte. Aber bislang hatte er noch nie wirklich positive Erfahrungen mit Frauen gemacht. Wobei er richtige Frauen noch nicht kennengelernt hatte. Seine Erfahrungen mit Frauen waren über hektisches und peinliches Gefummel in irgendwelchen Jugendzimmern nie hinausgegangen. Spätestens nach dem zweiten Treffen hatten sich die Mädchen vom ihm verabschiedet. Nur ein einziges Mädchen war über ein halbes Jahr mit ihm zusammen. Karola! Für sie hätte er alles getan. Aber als sie anstelle der Brille Kontaktlinsen bekam und auch die Zahnspange irgendwann

verschwunden war, war auch sie verschwunden. Frank hockte wieder frustriert und einsam in seinem Zimmer.
Der November zog feucht und nebelig ins Land. Es wurde immer früher dunkel. Frank hatte schlechte Laune. Die neue Sekretärin war mittlerweile mit dem Produktionsleiter zusammen. Beide saßen mittags turtelnd in der Kantine. Frank stopfte sein Essen in sich hinein und versuchte, das frisch verliebte Paar zu übersehen.
Die Laune von Franks Mutter wurde auch immer schlechter. Mittlerweile wurde sie von einer schlimmen Hüftgelenksarthrose geplagt. Sie humpelte fluchend durch die Wohnung, schimpfte auf alle Ärzte und betäubte sich mit starken Schmerzmitteln, die sie abends dahindämmern ließen.
Frank fand sie immer öfter laut schnarchend in ihrem Fernsehsessel. Er brachte sie dann ins Bett. Wobei er an dieser Aufgabe fast scheiterte. Seine Mutter wog über einhundertzwanzig Kilo und hing bleischwer, halb betäubt und fluchend an seinem Arm. Wenn er sie endlich ins Bett gewuchtet hatte, war er fertig. Dann reichte es gerade noch für ein aufgewärmtes Abendessen, ein paar Bier und seinen heißgeliebten Harry Callahan.
Der Dezember war immer der schlimmste Monat im Jahr. Das Weihnachtsgeschäft war in vollem Gange. Schon in den ersten Tagen wurden doppelt so viele Stofftiere wie sonst in alle Welt versandt. Frank rotierte den ganzen Tag

zwischen Stofftieren und Pappkartons. Und jetzt war auch noch sein Kollege krank. Frank machte Überstunden. Wenn er spät abends aus der Firma kam, schmierte er sich schnell ein paar Brote, weil seine Mutter es nicht mehr schaffte, abends noch für ihn zu kochen. Ihre Arthrose wurde immer schmerzhafter. Wenn Frank nach Hause kam, lag sie oft schon jammernd im Bett, weil die Tabletten nur kurz ihren Schmerz linderten. Das Gehen fiel ihr immer schwerer. Frank zog sich dann meist mit den Broten und ein paar Bier in sein Zimmer zurück. Sogar zum Videoschauen war er zu müde. Er schlief wie ein Stein und stand morgens ganz früh auf, um als Erster in der Firma zu sein. Dann hatte er noch ein bisschen Ruhe vor dem Sturm und konnte die Rückstände des letzten Tages aufarbeiten.

Aber auch das reichte irgendwann nicht mehr. Frank beschloss, nun auch samstags in die Firma zu gehen, um die rückständigen Versandaufträge abzuarbeiten. Als er am Samstagmorgen dick eingepackt mit Schal, Handschuhen und Mütze aus dem Haus ging und auf sein altes Fahrrad stieg, war es heller als sonst. Es schien ein schöner Tag zu werden. Frank radelte die fünfzehn Kilometer zur Firma und marschierte in die Versandhalle.

Er holte sich die ersten Aufträge und begann, die verschiedenen Stofftiere zusammenzusuchen. Es war ungewöhnlich ruhig in der Halle. Keine Stimmen, keine Geräusche. Die Wintersonne schickte ihre Strahlen durch das große Glasfenster. Unzählige Staubkörner tanzten in den Sonnenstrahlen. Frank hielt inne. Eine seltsame Atmosphäre war das heute. Er blickte sich um. Große und kleine Stofftiere hockten in den hohen Metallregalen. Giraffen, Affen, Bären, Löwen, Katzen, Hunde – alle schauten ihn erwartungsvoll an. Die Sonne ließ die Augen der Tiere funkeln. Sie hauchte ihnen Leben ein. War da nicht ein leises Geräusch? Ein Wispern – nein, ein Atmen? Frank lauschte konzentriert. Diese Kreaturen waren lebendig! Frank erstarrte. Wieso hatte er das so lange übersehen können? *Das* war seine Aufgabe! Er musste alle Tiere befreien! Das war die Aufgabe, die für ihn vorhergesehen war. Tief in seinem Innersten hatte er es immer gewusst! Er war zu höherem berufen! Frank richtete sich auf. Energie durchströmte seinen Körper. Jetzt musste er handeln. Ruhig und überlegt – wie Harry Callahan. Und niemand würde sich ihm in den Weg stellen! Mit einer energischen Handbewegung fegte er die Pappkartons vom Packtisch. Hier wurde nichts mehr eingepackt, gefangen gehalten und verschickt! Auch Paketband, Leim und die große Schere flogen mit Getöse auf den Boden. Weg mit den Werkzeugen der Knechtschaft! Hier gab es nur noch grenzenlose Freiheit – für ihn und die Tiere.

Frank lächelte und atmete tief ein. Er rannte zum Hallentor und öffnete es weit. „Lauft“, schrie er, „lauft!“
Doch die Tiere trauten sich nicht. Verängstigt hockten sie in den Regalen.
„Nun kommt schon! Ich tu‘ euch nichts! Ihr seid frei!“ Frank versuchte, die Tiere zu ermutigen. Gerade, als er erste leichte Bewegungen wahrnahm, hörte er Geräusche.
„Mist“, knurrte er. Der Wachdienst war unterwegs. Frank hatte vergessen, seinen Chef zu informieren, dass er heute arbeiten wollte. Keiner wusste Bescheid. Jetzt dachte der Wachdienst sicher, hier sei ein Einbrecher. Und das war er jetzt eigentlich auch, da sich die gesamte Situation plötzlich geändert hatte. Nun war er kein Mitarbeiter mehr. Er war ein Held, ein Retter, der die Rechte der Stofftiere vertrat und der ihnen heute die Freiheit schenken wollte. Davon würde er durch nichts abbringen lassen. Lautlos wie eine Raubkatze tänzelte er durch den Raum. Zumindest dachte er, dass er sich raubkatzengleich bewegen würde. Für einen unbeteiligten Betrachter war es eher ein merkwürdiges Watscheln. Frank näherte sich dem Tor, das die Versandabteilung mit der Produktionshalle verband. Hier würde gleich der Wachmann erscheinen. Frank postierte sich hinter der Tür. Er hatte zwar noch keinen Plan, aber er war jetzt ein cooler

Held. Und Helden ließen solche Sachen locker auf sich zukommen, um dann schnell und richtig zu reagieren.
Die Tür öffnete sich und ein älterer Wachmann erschien.
„Hallo, ist hier jemand?“, rief er und betrat die Halle.
In dieser Sekunde sprang Frank aus seinem Versteck.
Der Wachmann fuhr zusammen, fasste sich aber schnell und brüllte: „Wer sind Sie? Was machen Sie hier?“ Er nestelte hektisch an seinem Holster, zerrte mit zitternder Hand seine Pistole, eine alte P8, hervor und entsicherte sie.
Frank stürzte sich todesmutig auf den Wachmann und entriss ihm die Waffe. Auf diesen Moment hatte er sein Leben lang gewartet! Er zielte auf den verdutzten Wachmann. „Hau ab, sonst schieß‘ ich dich über den Haufen. Ich werde diese Tiere retten! Daran wird mich niemand hindern!“
Der Uniformierte drehte sich um und rannte davon.
Frank konnte nicht widerstehen. Er wollte schießen. Einmal einen Schuss abgeben – wie sein Held Harry. Er krümmte den Finger am Abzug und drückte ab. Ein lauter Knall peitschte durch die Halle. Ein Feuerstoß kam aus dem Lauf. Harry heulte auf und ließ die Waffe fallen. Fast taub vom Knall des Schusses starrte er fassungslos auf seine rechte Hand. Sein Daumen hing in einer unnatürlichen Stellung zur Seite. Verdammt! Der Schlitten der Pis-

tole hatte ihm den Daumen gebrochen! Er hatte im wirklichen Leben noch nie eine Waffe in der Hand gehabt. Bei Harry sah immer alles easy und cool aus. Aber dass ein Schuss sooo laut war und dass sich ein Pistolenschlitten nach hinten bewegt, wusste Frank nicht. Woher auch? Harry Callahan schoss immer mit einem Revolver! Und da bewegte sich nichts nach hinten. Die Trommel war dort das einzige, das sich bewegte. Frank fluchte. Warum hatte er sich nicht besser über Waffen informiert? Aber nun war es zu spät. Er musste nach vorn blicken!
Trotz eines lauten Pieptons im Ohr und heftigen Schmerzen in der rechten Hand gab Frank nicht auf. Harry hätte es auch nicht getan.

Die Tiere hockten starr vor Schreck in den Regalen. Frank konnte es ihnen nicht verübeln. Der Schuss hatte sie in Todesangst versetzt. Er musste ihnen Mut machen und ihnen auf ihrem Weg in die Freiheit helfen. Er packte die ersten Tiere – lauter rosafarbene Stoffschweine – und trug sie vor das Hallentor. Dort setzte er sie behutsam auf den Boden. „Lauft“, rief er erneut. „Ihr seid frei!“
Frank rannte zurück zu den Regalen. Die nächste Ladung Tiere wurde ins Freie gebracht. Frank rannte hektisch hin und her und schenkte immer mehr Tieren die Freiheit. Schimpansen, Elche, Tiger – alles drängte sich vor dem Hallentor. Frank schwitzte. Er wimmerte ab und zu leise,

wenn er seinen gebrochenen Daumen ungeschickt einsetzte. Aber irgendwann war er so mit Adrenalin vollgepumpt, dass er seine Verletzung nicht mehr spürte. Außer Atem blieb er stehen und bewunderte sein Werk. Unzählige Tiere waren nun auf dem Werkhof versammelt. Eine große Herde, hinter der sich in der Ferne die beiden Malakowtürme der alten Zeche Holland abzeichneten. Was für ein Bild! Eines Helden würdig!

In der Ferne hörte man Polizeisirenen. Frank erstarrte. Verflucht, sie wollten ihn stoppen. Ein tückisches Grinsen à la Callahan umspielte seine Mundwinkel. Nicht mit ihm!

Er musste die Polizei von den fliehenden Tieren ablenken. Frank rannte nach draußen. Dort stand der alte Transporter, mit dem die Lieferungen zur Post gebracht wurden. Frank wusste, dass Kurt, der Aushilfsfahrer, meist zu faul war, den Schlüssel abzuziehen. Das war auch dieses Mal der Fall. Frank schmiss sich auf den Fahrersitz und drehte den Schlüssel rum. Der Motor sprang an. Aber wie ging es weiter? Siedend heiß fiel Frank ein, dass er überhaupt nicht autofahren konnte. Mist! Er trat wahllos auf ein Pedal in Fußraum. Der Motor heulte auf, aber nichts passierte. Das Auto stand auf der Stelle. Frank trat nochmals auf das Pedal. Der Motor röhrte wie verrückt, doch es passierte immer noch nichts. Plötzlich sah Frank, dass mehrere Polizeiwagen den Hof erreicht hatten. Er sprang blitzschnell aus dem Transporter und rannte über den Hof ins Gebüsch. Hier musste doch irgendwo die Feuertreppe sein. Er würde sich zurück ins Gebäude schleichen. Wenn die Polizei weg wäre, würde er sein Werk vollenden. Äste peitschten ihm ins Gesicht, als er durch die kahlen Büsche rannte, die hinter der Versandhalle wuchsen. Es war ein verwildertes Areal, um das sich nie jemand gekümmert hatte.

Frank schmeckte Blut auf seiner Lippe. Egal, Helden bluten öfters. Er grinste wieder dieses Harry-Callahan-Lächeln. Da war die Feuertreppe! Schnell hangelte Frank sich nach oben und kletterte bis zu einem geöffneten Fenster. Glück gehabt! Weit unter ihm waren bereits Stimmen zu hören. Frank sprang durch das Fenster in den Raum. Die Damentoilette! Gut, dass die Ladies zu faul gewesen waren, um nach dem Rauchen das Fenster zu schließen. Das rettete ihm nun den Arsch! Dieser Satz gefiel ihm. Den Arsch retten. Das war eine echte Helden-Formulierung. Nun musste Frank zeigen, was in ihm steckte. Er schlich in den Flur. Von dort aus konnte man über eine Balustrade direkt in die Versandhalle schauen. Dort wimmelte es jetzt von Polizisten. Aber was machten diese Idioten? Sie fingen alle Tiere wieder ein, die er in die Freiheit entlassen hatte. Das konnte er nicht durchgehen lassen. Was sollte er machen? Er brauchte einen echten Heldenplan! Und zwar schnell! Er blickte sich suchend um. Dann hatte er eine Idee! Er riss einen Feuerlöscher von der Wand und wickelte ihn in seine Jacke. Anschließend befestigte er ihn mit einem alten Strick, der zufällig am Boden gelegen hatte, vor seinem Körper. Entschlossen trat Frank nach vorn an die Balustrade und brüllte nach unten: „Ey, sofort aufhören! Die Tiere stehen unter meinem persönlichen Schutz! Lasst sie sofort frei! Oder ich sprenge mich und euch mit dieser Bombe in die Luft! Das ist reines TNT! Von dieser Halle bleibt nichts mehr übrig!“

Genial! Frank war von sich selbst beeindruckt. Das klang cool – wie ein Profi! Wahrscheinlich machten sich die Männer da unten bereits in die Hosen. Er hatte zwar keine Ahnung von Sprengstoffen, aber in Filmen hatte er oft den Ausdruck TNT gehört. Vielleicht hätte er auch den Begriff Nitroglyzerin fallen lassen sollen. Ihm fiel dieser nervenzerfetzende alte Schwarzweißfilm “Lohn der Angst“ ein.

Er schaute nach unten. Die Männer rannten hin und her. Es wurden Kommandos geschrien. Was für ein kopfloser Haufen! Denen würde er es zeigen. Man hatte ihn sein Leben lang unterschätzt! Jetzt schlug seine Stunde. Schon morgen wäre er der ganzen Welt als Retter der Tiere bekannt.

Er beugte sich über die Balustrade, um besser sehen zu können, was in der Versandhalle passierte. Plötzlich löste sich der Strick von seinem Körper und der Feuerlöscher samt Jacke rauschte ab nach unten. Mit Getöse schlug er auf dem Hallenboden auf.
Jemand brüllte: „Deckung!"
Die Polizisten warfen sich auf den Boden. Als der Feuerlöscher unter der Jacke hervorrollte, brachen alle in lautes Gelächter aus. „Komm runter und ergib dich freiwillig! Sonst kommen wir rauf und holen dich!", rief der Gruppenleiter nach oben.
Frank erstarrte! Das hätte nicht passieren dürfen. Welche Blamage! Aber egal! Nach vorn schauen, hieß die Devise. Auch so etwas musste ein echter Held wegstecken können. Er rannte den Flur entlang. Am besten verließ er das Gebäude erneut über die Feuertreppe. Die schien von den Polizisten noch nicht entdeckt worden zu sein. Er kletterte aus dem Fenster der Damentoilette und begann hektisch mit dem Abstieg. Kurz, bevor er den Erdboden erreichte, stieß er mit dem gebrochenen Daumen so heftig an das Geländer der Feuerleiter, dass er vor Schmerz brüllte, den Halt verlor und in die Tiefe stürzte. Er landete auf einer betonierten Kanaldeckelumrandung. Ein grauenhafter Schmerz durchfuhr seinen Körper. „Scheiße", wimmerte er. Jetzt war er wirklich außer Gefecht. Aber das konnte nicht sein! Er war doch ein Held.

Er hatte immer noch die Aufgabe, die Tiere zu retten. Sie warteten auf ihn. Er war ihre letzte Hoffnung.
Frank spürte, dass er kurz davor war, die Besinnung zu verlieren. Der Schmerz war übermächtig. Er ahnte, dass es mit ihm zu Ende ging. Aber Frank wollte nicht kampflos aufgeben. Mit der linken Hand ertastete er einen großen Stein. Er umklammerte ihn fest. Dem Ersten, der sich ihm näherte, würde er den Schädel spalten!
Stimmen waren zu hören. Mehrere Polizisten kamen um die Ecke. Mit den Waffen im Anschlag kämpften sich durch das verwilderte Gelände. Bald entdeckten sie Frank.
„Ich glaube, wir brauchen einen Rettungswagen", meinte ein junger Polizist und beugte sich über Franks verrenkten und blutenden Körper.
Frank nahm seine schwindenden Kräfte zusammen und konzentrierte sich. Mit letzter Kraft schleuderte er den Stein auf den Polizisten und schrie: „Hasta la vista, Baby!"
Dann erstarrte er! Was hatte er getan? Er hatte ein Filmzitat des von ihm gehassten "Terminators" benutzt! Dabei hatte er eigentlich „Make my day!" rufen wollen, das berühmte Filmzitat seines Helden Dirty Harry. Wie furchtbar. Er hatte seinen geliebten Helden verraten!
Kraftlos sackte Frank zusammen. Das Leben war so ungerecht. Einmal Loser, immer Loser! Selbst seinen eigenen Abgang hatte er versaut!

Über die Autorin

Petra Gockeln wurde 1959 in Wuppertal geboren. Nach Fachabitur und erfolgreicher kaufmännischer Ausbildung suchte sie Ende der 1970er Jahre Freiheit und Abenteuer. Sie löste ihren Hausstand auf und trampte als Aussteigerin nach Kreta. Dort lebte und arbeitete sie längere Zeit. Mit Jobs wie Teller waschen, Oliven sammeln, Tomaten ernten oder dem Verkauf von selbst gefertigtem Schmuck verdiente sie ihren Lebensunterhalt. Jede Menge Lebenserfahrung gab es gratis dazu.

Irgendwann zog es Petra Gockeln wieder zurück nach Deutschland.

Ihren Hang zum Morden entdeckte sie schon als Jugendliche. Die Geschichten verschwanden jedoch in der Schublade. Im Jahr 2002 begann Petra Gockeln, ihre Geschichten öffentlich vorzulesen. 2011 entstand ihr erstes Buch "Schwarze Seelen".

Die Krimiautorin liebt es, Menschen bei Lesungen und Veranstaltungen mit ihren skurrilen Kurzgeschichten zu unterhalten. Spannung und schwarzer Humor sind garantiert.

Petra Gockeln lebt im schönen Hattingen an der Ruhr – das ist ihr "Tatort".

Weitere Informationen zur Autorin finden Sie unter www.Petra-Gockeln.de

Ihnen hat das Buch gefallen?
Sie lieben Spannung und schwarzen Humor?

Hier finden Sie weitere mörderische Kurzgeschichten von Petra Gockeln:

Schwarze Seelen
14 böse kleine Mordgeschichten
Petra Gockeln
Edition Paashaas Verlag (EPV)
ISBN 978-3-9813928-6-9,
Paperback, 152 Seiten
11,90 €

Weitere Infos, Termine und Leseproben
unserer Autoren finden Sie auf
www.verlag-epv.de